VUELO 195

Título original: *Vuelo 495*
Primera edición: febrero de 2015

©2015, Gerardo Reyes
c/ o Guillermo Schavelzon & Asoc., Agencia Literaria
www.schavelzon.com
© 2015, Penguin Random House Grupo Editorial SAS
Carrera 5A No. 34A-09
Bogotá, Colombia
PBX (5 71) 7430700
© 2015, Grafvision / Dollarphotoclub, por la fotografía

Printed in Colombia – Impreso en Colombia

ISBN: 978-958-8870-34-2

6058 4009 ¹⁰/₁₅

Compuesto en caracteres Bembo
Impreso en Nomos Impresores

Penguin
Random House
Grupo Editorial

A mi hermano Francisco Reyes,
a Alberto Donadío y en memoria
de Silvia Galvis.

CONTENIDO

El piloto

Patricia vio por última vez a su padre desde el comedor de su casa mientras sacaba de su bolsita los dulces que había recogido esa noche de Halloween. Todavía tenía pintados los bigotes de gata cuando escuchó a su papá decir que pasaría unos minutos a saludar a su vecino Alfredo Costa, un piloto que vivía a pocas casas de la suya en el reparto habanero de Marianao. Eran como las nueve de la noche del 31 de octubre de 1958. Ruskin Medrano no se cambiaba por nadie en el mundo en su nueva posición de piloto de Cubana de Aviación, la legendaria aerolínea para la que había trabajado durante los últimos diez años. De operador de la torre de control del aeropuerto Rancho Boyeros, en la capital, pasó a copiloto y luego a piloto de DC-3. Ahora se estrenaba como comandante de los nuevos aviones turbohélice Vickers Viscount de las serie 700, que habían sido adquiridos por la empresa en agosto del año anterior para cubrir la ruta La Habana-Miami-Varadero.[1]

La vida lo hacía feliz. Medrano estaba casado con María Bray, "Chichita", una mujer menuda, alegre y vivaz de ojos claros a quien conoció en una fiesta de amigos comunes en La Habana.

---

1 Este capítulo está basado en tres entrevistas a la viuda del piloto, María Bray, y a su hija Patricia Medrano en el 2008. Las entrevistas se realizaron en el apartamento de Miami de la señora Bray.

No perdía un solo día de asueto para estar con ella y con sus hijos Patricia, de diez años, y Miguel Ernesto, de cinco, con quienes hacían paseos inolvidables alrededor de Cuba por tierra y por aire. En La Habana nadie más se llamaba Ruskin. Su mamá escogió el nombre como un caprichoso homenaje al autor que más leía, John Ruskin, un prolífico escritor británico de sagas victorianas que murió con el siglo XIX. A la madre del piloto le impresionaba la versatilidad del escritor porque además de ejercer como crítico, incursionó en la poesía y la novela y escribió doscientas cincuenta obras que cubrían desde la ornitología hasta la mitología.

En la familia siempre se dijo que Ruskin debió cumplir con los designios de su nombre, que realmente era un apellido, y por ello era igual de polifacético y bueno para todo como el escritor inglés a quien se le hacía homenaje. De adolescente, confeccionaba aviones de juguete que hacía volar frente al rostro asombrado de sus amigos del Colegio de Belén, y construyó un transmisor de radio con el que se comunicaba con recónditos parajes del mundo en alfabeto Morse. Durante ocho años estudió música en el Conservatorio Nacional de La Habana, lo que aplicó con gusto en las fiestas familiares cuando bien improvisaba una guaracha en el piano o acompañaba con partitura al tío Emilio, que cantaba ópera.

En 1939 sus padres lo enviaron a estudiar inglés a Glendale, California, como preparación para ingresar a la escuela de aviación Curtiss-Wright School donde estudió mecánica aeronáutica. Ya en Cuba, mientras trabajaba como controlador aéreo, terminó sus cursos de aviación y fue contratado como copiloto por "Cubana", como los cubanos abrevian el nombre de la empresa aérea fundada en 1929.

Esa noche del "Día de las brujas", Costa felicitó a Ruskin por haber llegado a tan buena posición en medio de la crisis gerencial por la que atravesaba la empresa y el país. Cuba estaba en guerra civil. El dictador Fulgencio Batista trataba de mantener a raya a un movimiento rebelde que amenazaba desde las montañas con derrocar su represivo régimen de corrupción.

De regreso a su casa, Ruskin le recordó a su esposa que como su automóvil estaba en reparación, el copiloto José Combarro, compañero de cabina, pasaría a recogerlo temprano, como a las seis de la mañana, y se irían juntos al aeropuerto para cumplir con la jornada normal: dos vuelos en la ruta La Habana-Miami-Varadero. Regresaría a eso de las seis de la tarde. En algún momento, Ruskin le pidió a Chichita que una vez más le hiciera el relato de una extraña visión que ella tuvo el día anterior mientras él estaba en vuelo.

"Chico, no pienses más en eso", le respondió ella, pero la mujer tuvo que describir la situación de nuevo por insistencia de su esposo. Chichita, que no es una mujer agorera y se considera poco religiosa, le contó a Medrano que el día anterior lo había visto caminando por la casa, y extrañada se preguntó cómo era posible que anduviera por ahí si estaba en vuelo, pero cuando se concentró en la figura, ya había desaparecido.

A la mañana siguiente, sin hacer ruido, Ruskin salió al alba hacia el aeropuerto en compañía del copiloto que pasó a recogerlo. Chichita despertó más tarde con el acucioso remordimiento de no haberse despertado para darle un beso de despedida como era costumbre. Ese sentimiento la asedió toda la mañana -y toda la vida-, al punto que se le ocurrió dejar un mensaje en las oficinas de la aerolínea en el aeropuerto calculando que Ruskin regresaría al mediodía para cumplir con la segunda parte del itinerario. Pero como los pilotos y sus esposas solo se llaman por cosas urgentes, ella no quiso preocuparlo. Y como no tenía automóvil, Ruskin no cumplió con su costumbre de almorzar en la casa.

Ese sábado sería un día muy agitado políticamente. Los cubanos se preparaban para unas elecciones presidenciales en las que hasta ese momento ganaba la incertidumbre. La mayoría inquieta quería darle una oportunidad más a su deteriorada fe democrática, y la minoría escéptica parecía contagiada del pesimismo que se respiraba en el ambiente: muchos de ellos pensaban que las elecciones presidenciales que Fulgencio Batista había convocado para el lunes siguiente no eran más que un sainete para bajarle la presión al descontento. Costaba creer que el dictador fuese a aceptar los resultados de las urnas después de seis años en el poder y que no cayera en la tentación de recurrir al fraude para evitar el triunfo de un candidato opositor. Otros temían, con razón, que los rebeldes sabotearan las elecciones en medio de una amenaza general de explotar bombas para impedir la trampa distractora de Batista.

Las opciones estaban representadas por el candidato batistiano Andrés Rivero Agüero, un abogado que aprendió a leer por su cuenta porque era muy pobre, y que fue ministro en el período de gobierno democráticamente electo de Batista (1940-1944); Ramón Grau San Martín, un médico a quien Batista sacó de la presidencia en 1934; Carlos Márquez Sterling, un abogado y periodista que fundó el Partido del Pueblo Libre para hacer oposición a la dictadura, y Alberto Salas Amaro, otro testaferro político del dictador. Siete partidos políticos estaban registrados.

El panorama meteorológico era más claro: el Observatorio Nacional de la Marina de Guerra de La Habana pronosticaba para ese sábado posibles lluvias ligeras en occidente, vientos flojos a frescos del sudeste al nordeste y cielos "parte nublados y nublados". [2]

En apariencia, la rutina de la isla seguía su curso sin inmutarse por el temporal político que se acercaba. En el famoso Tropicana se presentaba Xiomara Alfaro, "la genial voz sepia que en nombre de Cuba ha emocionado todo el continente", y en el cine Trianón, John Wayne hacía el papel estelar de embajador estadounidense en Japón en la película *El bárbaro y la Geisha*. "La enviaron a matarle y se convirtió en esclava", anunciaba la promoción de la película.

Como Ruskin no solía hacer escalas sociales en el camino del aeropuerto a la casa cuando terminaba su jornada de trabajo, Chichita se extrañó de que a las siete de la noche no hubiera llegado. Un operador de Cubana le informó que el avión había tenido un atraso. A las nueve de la noche repitió la llamada y recibió la misma explicación. Entonces se acostó a esperarlo, junto a Patricia, quien le pidió que la dejara dormir en la cama matrimonial hasta que su padre llegara. Ambas cayeron profundamente dormidas. Poco antes de la medianoche, la niña se despertó nerviosa y le preguntó a su mamá: "¿Qué pasó con mi papá?". Chichita se percató de que se había hecho tarde sin tener noticias de su marido y se comunicó de nuevo con la aerolínea. Esta vez la explicación la dejó intrigada. No recuerda si era un hombre o una mujer quien respondió, pero no puede olvidar que tras preguntar por el vuelo, la persona cubrió mal el auricular, y ella alcanzó a entender cuando le preguntó a otro empleado: "Es la esposa del capitán Medrano, ¿qué le digo?".

¿Qué le digo? Esa pregunta desató su angustia. La persona le informó que había un "inconveniente", no dio más explicaciones.

---

2   *Diario de la Marina*, 1 de noviembre de 1958, Sectores Nacionales.

Chichita llamó a algunos de sus familiares que de inmediato llegaron a la casa a acompañarla en su espera. Aunque tenía una confianza infinita en las habilidades de Ruskin como piloto, decidió salir a esas horas hacia las oficinas de Cubana para aclarar definitivamente lo que estaba ocurriendo. Se vistió pensando que después del "inconveniente" se iría a desayunar con su marido a alguna cafetería de la ciudad. Cuando se disponía a salir, dos directivos de la aerolínea caminaban hacia la puerta de su casa.

Uno de ellos le pidió hablar a solas, lo cual aceptó sin apremiarlos a que le contaran de una vez lo sucedido, pues, por una razón que hasta hoy no se explica, pensó que los ejecutivos se habían tomado el trabajo de visitarla en su casa para darle personalmente la buena noticia de que todo había tenido un desenlace positivo. Un primo de Chichita también fue invitado a subir al segundo piso, donde los hombres explicaron, en términos muy generales y escurridizos, que el avión que pilotaba Ruskin había sido secuestrado y sufrido un accidente.

"Yo sentí", recuerda Chichita, "que el techo completo de la casa me cayó encima".

Ciudad conspiración

José Braulio Alemán se sacó del bolsillo del pantalón un calendario arrugado y le mostró a uno de sus vecinos del barrio de La Pequeña Habana de Miami la fecha que había señalado con un círculo para su muerte.[3]

"Hasta esa fecha voy a vivir", le advirtió el abatido y quebrado empresario una semana antes de su fallecimiento a Juan Herrero, el único vecino en quien confiaba. Tenía cincuenta y un años.

En la fecha señalada en el papel arrugado, 31 de julio de 1983, unos quince agentes del equipo de acción inmediata del Departamento de Policía de Miami rodearon un *bungalow* pintado de gris ubicado en el barrio de inmigrantes cubanos de clase media trabajadora de Miami. Al interior de la casa, Alemán mantenía como rehén a una tía anciana mientras gritaba consignas contra Fidel Castro y el comunismo.

Alrededor de las 7:18 de la mañana, los agentes se apostaron a pocos metros de la casa ubicada en el 3097 N.W. de la

---

3   El relato de la muerte de José Braulio Alemán está basado en artículos publicados en *The Miami Herald* y *El Heraldo* en julio de 1983. La nota principal, publicada el primero de agosto, fue escrita por el periodista Larry Bivins bajo el título, en el periódico en español de: "Alemán muere en baleo con la policía". "Cuban exile shoots relatives, dies in police confrontation", *The Miami Herald*, p. 1.

calle segunda, y buscaron trincheras estratégicas. Alemán le apuntaba a la mujer con una pistola Browning nueve milímetros con la que había tratado de matar a su madrastra al amanecer.

La madrastra se salvó. Otros ocupantes de la casa lograron escapar ilesos. También tuvieron tiempo de huir pero fueron heridas Sofía Ampudia, de setenta y cuatro años, tía de José Braulio, María González, de treinta y seis años, quien sangraba en el cuello, y su hija Carina, de seis años, con heridas en el rostro.

El oficial Rodolfo Arias intentó infructuosamente convencer a Alemán de que se entregara. Alrededor de las nueve de la mañana, dos miembros del equipo SWAT que ingresaron a la residencia por la parte de atrás, fueron recibidos con un disparo errado de Alemán. Uno de los agentes respondió con otro tiro que hirió al hombre en el estómago. En ese momento, según los policías, Alemán se puso su arma en el parietal derecho y se mató.

El lunes siguiente tendría su primera cita con el psiquiatra.

La muerte fue el único deseo que José Braulio Alemán cumplió con su voluntad. Los demás nunca se concretaron. A pesar de su herencia millonaria, su vida fue una cadena insostenible de proyectos fracasados. Tenía muchos amigos de conveniencia que desaparecieron cuando su fortuna se esfumó, y en medio de sus penurias económicas y el desengaño político, cuando lo que más necesitaba era serenidad y fortaleza, unos fantasmas vestidos de pistoleros de la mafia americana asaltaron su mente atormentada y terminaron por arruinarle la vida. Se enloqueció.

"Confiaba en muy pocas personas. Estaba convencido de que la mafia andaba tras de él", le dijo a *The Miami Herald* Eugenio Martínez, uno de los asaltantes de las oficinas de Watergate, el edificio de Washington donde arrancó el escándalo que produjo la renuncia del presidente Richard Nixon. Martínez era muy buen amigo suyo. Neneito, como le decían a

Alemán en su Cuba natal, estaba convencido de que el mafioso americano Santo Trafficante lo buscaba para matarlo. Pensaba que quería vengarse de él por haberlo involucrado en el
asesinato de John F. Kennedy. Alemán había señalado a Trafficante de ser cómplice de la muerte del presidente ante una
comisión de la Cámara de Representantes de Estados Unidos.[4]
Dijo que durante una reunión con Trafficante en Miami, a
mediados de 1963, tocaron el tema del futuro de Kennedy, y
el mafioso le advirtió en inglés:

"Él [Kennedy] no va a ser reelegido, usted no me entiende,
va a ser golpeado".

La frase que, según Alemán, usó Trafficante en inglés para
expresar el ultimátum fue *"he is going to be hit"*.

Preocupado porque la palabra *hit*, en boca de un cabecilla
de la mafia en ese contexto podría tener una connotación
mortífera, decidió llevar sus dudas semánticas ante la comisión
congresional que investigaba la muerte del presidente.

"¿Está usted familiarizado con esa expresión?" le preguntó el congresista Gary Cornwell al referirse a la frase *"he is
going to be hit"*.

Vacilante respondió que conocía el modismo pero en ese
momento lo invadió un ataque de pánico por la venganza que
podría desatar su testimonio y trató de matizar el episodio diciendo que probablemente Trafficante quiso decir que Kennedy
sería "golpeado" no por las balas sino por los votos de los re-
publicanos en las elecciones.

Allí empezó su delirio de persecución. Alemán pensaba que
a partir de ese momento se había convertido en un blanco de

---

4   José Braulio Alemán hizo la declaración inicial de que posiblemente Santo
     Trafficante habría tenido una participación en el asesinato del presidente
     Kennedy, el 12 de marzo de 1977 ante el investigador de la comisión especial
     del Congreso de Estados Unidos que reabrió la investigación del asesinato del
     ex presidente. "Testimony of José Alemán", HSCA, volumen V, p. 301.

la mafia. Mantenía cerradas las ventanas y las puertas de su casa con toda clase de seguros, temiendo un ataque de los matones de Trafficante. Estaba obeso y recorría una y otra vez la habitación de su casa fumando cigarrillos y tomando café cubano. Sudaba frío mientras hacía un esfuerzo por hablar con sus vecinos en los escasos momentos que aceptaba salir de su refugio.

Se vio forzado a vivir bajo el mismo techo con su madrastra en la casa donde acabó con su vida luego de que los ladrones se robaron todo lo que tenía en su residencia de Miami Springs. En un esfuerzo por conseguir dinero para sobrevivir se empleó en el concesionario de automóviles Anthony Abraham Chevrolet, pero renunció después de tres semanas. El único papel que sí terminó en su vida fue el de extra en una película intrascendente de Hollywood titulada *The Unkillables* (Los Inmatables).

Cuando Alemán se suicidó muchos exiliados cubanos de Miami sabían quién era el personaje y de dónde venía su dilapidada fortuna. Neneito era el hijo consentido del ex ministro de Educación cubano José Manuel Alemán Casharo, quien asaltó en 1948 el Ministerio de Hacienda de Cuba en un uno de los más desfachatados robos que se recuerde en la historia de saqueos de las arcas de los gobiernos de América Latina. Para esa época, Alemán Casharo ya era rico. Favorecido por el presidente Ramón Grau San Martín y la cuñada de este, Paulina Alcina, que oficiaba como primera dama, el funcionario amasó una fortuna. Cuenta Max Lesnik, ex presidente de las juventudes del Partido Ortodoxo de Cuba, que en las elecciones parciales de 1946, de Congreso y alcaldes, Alemán actuaba como un hombre de Palacio.[5] En una residencia que parece como un barco gigantesco en la calle 23, en el Vedado, a la entrada del reparto Miramar, "Alemán acostumbraba a llamar a los políticos del partido

---

5   Entrevista con el autor, Miami, mayo de 2005.

y les entregaba el dinero en efectivo y por pulgadas. Lo sacaba de una gaveta en su casa o en el Ministerio. Les decía 'Bueno, tú aspiras a representante. ¿Cuántos votos crees que tú tienes?' 'Bueno yo tengo diez mil votos' y les daba el sobre de manila'', recuerda Lesnik.

Causó tal revuelo el asalto a la bóveda del Ministerio que llegó a las páginas de la revista *Time*.[6] Según la publicación, el 10 de octubre de 1948, Alemán Casharo se presentó en las instalaciones del Departamento del Tesoro del gobierno de Cuba con ayudantes que conducían un par de camiones oficiales.

"¿Qué van a hacer, a robar el Ministerio?", le habría preguntado uno de los guardias en broma al ex ministro.

"Quién sabe", respondió Alemán Casharo.

Alemán en efecto se robó el ministerio. Acompañado por un par de ayudantes, entró a las bóvedas de Hacienda y entre todos llenaron varios maletines con unos diecinueve millones de dólares en efectivo y una cantidad no determinada en pesos, francos, escudos, liras, rublos y libras esterlinas. Los camiones salieron directamente hacia a una pista aérea donde los esperaba un avión DC-3 contratado por Alemán.

La versión del asalto fue luego confirmada por Ed Little, el catcher del equipo de béisbol de Miami que acompañaba a Alemán Casharo ese día. Alemán era dueño del equipo. Little le relató a un reportero del diario *Miami New Times* que cuando él y Alemán llegaron a Miami, el servicio de aduanas confiscó todo el efectivo en moneda extranjera, pero como no tenían razones legales para decomisar los diecinueve millones de dólares en billetes, pasaron tranquilos.[7] Con el tiempo el ex ministro cubano se convirtió en uno de los mayores inversionistas del sur de la

---

6   Episodio citado por Powell, basándose en una edición de la revista *Time* de 1950.
7   "Rough Diamond", Robert Andrew Powell, *New Times*, 15 de agosto de 1996.

Florida. Se compró varios hoteles, apartamentos y casas en Miami Beach y adquirió un vasto terreno de la isla de Key Biscayne con la idea de arrasar con los manglares y vender el terraplén para que por allí pasara una autopista que conectara a Miami con los cayos sureños de la Florida. El proyecto no se concretó.

Cuando su hijo Neneito tenía diecisiete años, le mandó a construir el estadio de béisbol de Miami, luego conocido como el Boby Maduro, a un costo de quinientos mil dólares. En la época se decía que José Braulio era el niño que tenía el patio más grande de Estados Unidos. Mientras se construía, Neneito estudiaba en Miami. Su papá le regalaba automóviles deportivos de último modelo y mantenía sus cuentas rebosantes, lo que le permitía al joven, reconocido por su generosidad y camaradería, repartir dinero a diestra y siniestra entre sus amigos.

El ex ministro no pudo asistir a la espectacular inauguración del estadio de pelota a mediados de 1949 porque agonizaba de leucemia en Cuba. Murió en marzo del año siguiente, a los cuarenta y cuatro años, en el reparto de Kholy de La Habana. Su fortuna fue calculada por *The New York Times* entre setenta y doscientos millones de dólares.[8]

Pasada una década, Neneito siguió gastando a manos llenas. Contagiado por la fiebre conspirativa de Miami contra el dictador cubano Fulgencio Batista, empezó a usar su fortuna para financiar toda clase de planes de desestabilización del régimen. El estadio de béisbol se convirtió en un campo de entrenamiento militar donde los conspiradores hacían simulacros de asalto con palos de escoba como fusiles. Algunos pasaban la noche allí. Los camerinos se usaban como caletas para esconder armas,

---

8   "José Alemán dies: Cuban politician", *The New York Times*, 26 de marzo de 1950, p. 92. El obituario afirma que en los últimos años el ex ministro vivió en una mansión de Miami Beach protegida con ametralladoras. También se informa que en la cocina de su casa en La Habana estalló una bomba el año anterior a su muerte.

bazucas, municiones y granadas, según recuerda el ex gerente del equipo de béisbol Al Rubio. Algunos de los amigos de Neneito probaron lo fácil que resultaba esquilmar al joven pidiéndole dinero con el falso pretexto de comprar fusiles para una supuesta operación contra Batista.

"Eran unos farsantes", le dijo Rubio al *Miami*. "Recibían cincuenta mil o sesenta mil dólares, los ponían en cajas y decían que volaban a Cuba, pero nunca lo hicieron. Lo ordeñaron como quien ordeña a una cabra".

La herencia de Neneito se fue evaporando y en medio de la crisis económica vendió a la ciudad el estadio de béisbol por 850,000 dólares en abril de 1958. Casi todo lo que recibió por la venta del estadio lo donó a la revolución castrista. Se quedó sin un dólar.

"Me siento orgulloso de estar quebrado", le dijo a la revista *Bohemia* de Cuba en enero de 1959 al anunciar que su fortuna se la había cedido al Movimiento Revolucionario 26 de Julio.

"Muchos en su lugar [...] habrían planeado un viaje a la Riviera Francesa, o se habrían entregado a cualquiera otra delicadeza de la vida muelle. Pero ese no era el ideal de José Alemán", decía *Bohemia* en la edición publicada inmediatamente después del triunfo de la revolución.[9]

Con ese generoso gesto de Alemán con Fidel Castro se consagró un paradójico episodio de la historia del movimiento rebelde: la revolución cubana se había financiado en buena parte con el botín de un asalto de los corruptos que esa revolución prometía aplastar. Al llegar al poder, Castro aparentemente comprendió que la contradicción era indefendible y le dio un puntapié en el trasero a Neneito. Ordenó confiscar

---

9   Citada por Liz Balmaseda en *El Nuevo Herald*, "Heredero de una enorme fortuna jamás recuperó riqueza y gloria". p. 1.

todas sus propiedades en Cuba. El otrora activista antibatistiano regresó a Miami a cobrar venganza contra Fidel uniéndose a una nueva causa en el sentido contrario. Desde el Scott Bryan Hotel de Miami, del cual era dueño, urdió varios planes para expulsar a Castro del poder.

Neneito es un símbolo extraviado de la historia conspirativa de Miami. Esta ciudad que los visitantes de América Latina conocen por sus luces de neón que siluetan los edificios Art Deco de la playa, por los grandes centros comerciales y sus playas, por los bancos alcahuetas y el Sea Aquarium, guarda en sus anales una larga historia de confabulaciones de todos los calibres. En los sótanos de la memoria de muchos de sus habitantes se agolpan aventuras inéditas de combates, conspiraciones, asaltos y atentados que relatan sin rubor en las cafeterías como si el tiempo perdonara todo. El técnico que arregla el aire acondicionado de su casa puede ser un veterano de Bahía Cochinos; el portero del edificio, un ex guerrillero del M-19 de Colombia; el vecino, un ex combatiente de la Contra nicaragüense; el editor de mesa de un periódico, un ex montonero argentino arrepentido, y el celador del parqueadero público, un agente jubilado de los servicios de inteligencia del ex presidente venezolano Carlos Andrés Pérez. No son ejemplos metafóricos, son gente de carne y hueso con quien me he topado en la ciudad conspiración. Hace algunos años, un líder político nicaragüenseme contó que cuando ingresaba a un hotel se encontró cara a cara con quien había sido uno de sus torturadores en la lucha contra el dictador Anastasio Somoza. El torturador, un ex militar del círculo de confianza de Somoza, que alguna vez debió llevar un sonoro uniforme de condecoraciones y pistolas talladas con su nombre, ahora estaba frente a él vestido de *bell boy,* armado solo con un silbato para llamar taxis. Después de ser la capital financiera de la revolución cubana y sin que se hubiera terminado de lanzar la última serpentina por el derrocamiento de Batista, los escondites de Miami y sus pantanos colindantes, conocidos como los Everglades, se preparaban para las guerras contra el triunfador.

En Miami se han concebido operaciones tan importantes como el famoso asalto al edificio de Watergate. En condominios lujosos de Key Biscayne, se organizó el frente de oposición armada contra el gobierno sandinista de Nicaragua, conocido como La Contra, y en ese mismo cayo se refugió la familia de Somoza y su colección de papagayos al escapar de la revolución sandinista. Desde su mansión en Pine Tree Drive, el depuesto dictador venezolano Marcos Pérez Jiménez también conspiró contra el gobierno que lo sacó de su "trono de rapiña" como describió García Márquez la dictadura del Hombre de Hierro de Venezuela.

En Miami se refugió Fidel Castro luego de meterse en problemas serios con pandillas gansteriles de la universidad que lo acusaban del asesinato de un estudiante. La ciudad estuvo en la ruta de su luna de miel en 1948 cuando se hospedó en un hotel de Miami Beach con su esposa Mirta Díaz Balart y, ocho años después, ya convertido en un héroe del asalto al Cuartel Moncada, llegó a la misma ciudad a reforzar con su imagen carismática los ánimos de los exiliados cubanos que luchaban contra la dictadura de Batista. Fue esta una gran oportunidad del líder revolucionario que estaba exiliado en México para pasar el sombrero y conseguir las contribuciones monetarias que tanto necesitaba el Movimiento 26 de Julio para regresar a la lucha armada en Cuba. El movimiento político militar nacionalista y antiimperialista había sido fundado en la clandestinidad en 1955.

Su nombre alude a la fecha del fallido asalto que dirigió Castro contra el Cuartel Moncada para derrocar a Batista.

Si el ataque al Cuartel Moncada no había cumplido con su cometido político militar, sin duda fue un golpe publicitario que puso a los exiliados y simpatizantes de Estados Unidos a apostar por la revolución, no solo con deseos sino con efectivo. El propio Castro alguna vez lo reconoció. "Y la bulla [del ataque al cuartel Moncada] era para buscar dinero". Estaba entonces el líder revolucionario en la ciudad indicada y en el momento propicio para explotar la bulla. Al cabo de dos años Miami se convertiría en la caja de ahorros más generosa de la revolución cubana.

El historiador José Álvarez, quizás quien más tiempo y esfuerzo ha dedicado a consolidar la dispersa contabilidad de ingresos y gastos de la revolución en Estados Unidos, cuenta que en Miami se estableció la eficiente tesorera de los rebeldes, Haydée Santamaría, quien envió a Cuba un promedio de doce a quince mil dólares mensuales en 1958.[10]

Santamaría, estando en Miami en ese año, se refiere a las finanzas que manejaba: "Nosotros recaudábamos doce o quince mil dólares mensuales… [A] Díaz Lanz y Lorié tenía que darles miles y miles. Recuerdo que a Lorié, en un viaje, le di quinientos mil dólares…".

Desde Miami se transportaban armas y municiones a la isla utilizando todos los métodos que las circunstancias permitieran: en aviones tanto comprados como robados que salían de pistas abandonadas del sur de la Florida; a bordo de embarcaciones de todo tipo que descargaban en playas desoladas de Cuba, y

---

10 Los datos sobre la contabilidad de la revolución y los envíos desde Miami los obtuve en entrevistas con el historiador José "Pepín" Álvarez. Gran parte de los datos surgen del capítulo "Origen, flujo y magnitud de los recursos financieros del Movimiento 26 de Julio" de un libro de su autoría.

al interior de automóviles que cruzaban los 145 kilómetros de distancia a La Habana en el transbordador que salía de Key West. Los guardafangos de la embarcación también fueron usados para esconder cientos de fusiles. Las amplias faldas "engañadoras" que estaban de moda eran usadas para camuflar armamento liviano por las muchachas militantes que viajaban en el trasbordador. Anota Álvarez que cada automóvil, de los cuales se enviaban tres a la semana, era cargado con seis subametralladoras Thompson, veinticuatro pistolas y seis mil balas. La desesperación de Castro por obtener armas y municiones a finales de 1958 se refleja en una carta que el líder revolucionario le envió a Juan Almeida el 8 de octubre: "Si es preciso puedes llegar a pagar hasta un peso por cada bala 30.06 o M-1. Es un precio tentador y a nosotros el dinero nos puede sobrar, no debe importarnos gastar medio millón de pesos en medio millón de balas. Lo que no podemos es quedarnos sin balas de ninguna manera".

Un grupo de seis o siete pilotos encargados de transportar los pertrechos bélicos estaba en constante movimiento entre Miami, San José de Costa Rica, Caracas y Kingston, señala Álvarez. El historiador registró varias expediciones grandes de envío de armas y municiones. Una de ellas se hizo en un Douglas bimotor que partió de Canadá a Miami y de ahí a Gallón, cerca de Cienaguilla, Sierra Maestra, con ochenta mil proyectiles, varias decenas de fusiles, fulminantes y magnetos para hacer explotar minas.

La visita de Castro a Miami estaba pues planeada con ábaco en mano: por cada alma exiliada se debía obtener un diezmo para la revolución.

"Un joven revolucionario cubano en Miami hace planes para derrocar el gobierno de Fulgencio Batista", tituló el periódico

The Miami Herald para registrar la visita de Castro. El líder revolucionario le concedió una entrevista al diario con el fin de promover su presentación el 20 de noviembre de 1956 en el Teatro Flagler.[11] Sin mayor rigor en sus cálculos Castro se ufanó de que su movimiento ya contaba con cien mil personas en todos los Estados Unidos.

"Si Batista continúa en el poder por la fuerza, hay otra manera de sacarlo: por la fuerza", advirtió.

Estas y otras frases hechizaron al público que acudió al teatro. Pero quizás el pasaje del discurso que causó el mayor impacto, según Luis Conte Agüero, uno de los seguidores de Castro que asistió al acto, se produjo cuando el líder revolucionario recordó que en el exilio languidecían 26 000 cubanos y restregó la exclamación que arrugó el alma de los asistentes: "¡y miren en lo que han terminado!".

---

11 Crónica citada por Alfonso Chardy, periodista de *The Miami Herald / El Nuevo Herald* en el artículo "El paso de Fidel Castro por Miami", publicado el 25 de julio de 2008. La versión en inglés apareció en *The Miami Herald* bajo el título "Castro once seized upon the city as a place to rouse support for his revolution", el 26 de julio de 2008, p. 1.

EDMUNDO

En algún rincón del Teatro Flager en el que Fidel Castro cautivó al exilio antibatistiano de Miami, un joven tímido, alto, de ojos azules, escuchaba entusiasmado el discurso del líder revolucionario. Edmundo Freddy Ponce de León, a quien la política le importaba muy poco, se presentó en el lugar por invitación de un amigo suyo y salió de allí convencido de que quería poner al menos una gota de sudor para apoyar la revolución. Ponce de León se dedicó a vender bonos del Movimiento 26 de Julio en Miami.[12]

"¿Usted leyó alguna vez *La historia me absolverá* [un promesero de Castro]?, todo el mundo que leía eso se lo creía porque era como una biblia de lo que iba a ser la revolución y después todo fue una mentira", afirma Ponce de León. "Como todos los jóvenes de mi época yo era antibatistiano y simpatizaba con el 26 de Julio".[13]

---

12 Los bonos que se dedicó a vender Ponce de León fueron, según el historiador José Álvarez, "tal vez la forma más popular de recaudación de fondos para sufragar los gastos del Movimiento 26 de Julio. La idea original salió de Frank País mientras se encontraba detenido en la cárcel de Boniato por los sucesos del 30 de noviembre de 1956. En general, todas las impresiones se hacían en bonos de pequeñas denominaciones (entre uno y veinte pesos) para que llegaran a las capas populares, aunque a veces se hacían de mil pesos para una recogida especial".

13 Entrevista con el autor en Miami, octubre de 2008. También conocí muchos aspectos de su familia paterna y materna durante una extensa entrevista con su prima Solange Ponce de León los días 29 y 30 de octubre de 2008 en su casa de un suburbio de Los Ángeles.

El joven de veinte años, que había adquirido la ciudadanía estadounidense, estaba de licencia de la Fuerza Aérea de Estados Unidos en donde trabajaba cargando aviones.

Había nacido en Las Villas, provincia de Santa Clara, y emigró en 1947 con sus padres y su hermana Magaly a New Jersey. Tenía once años. Estudió la primaria en el St. Patrick Middle School, de Nueva York, pero debió terminar el bachillerato en el Miami Edison Senior High School porque su madre sufrió un accidente de tránsito y el médico le recomendó el clima del sur de la Florida para sus huesos. El padre de Edmundo, que se llamaba igual que su hijo, se dedicó a la construcción y con sus propios esfuerzos levantó una amplia casa para la familia en el noreste de Miami. La madre era modista. Varios de los primos de Edmundito, como le decían en la familia para diferenciarlo de su padre, recuerdan que desde pequeño le gustaba usar zapatos blancos. Al terminar los estudios de secundaria Edmundito se enroló en la Fuerza Aérea de Estados Unidos. Fue enviado a Alemania. También estuvo apostado en Inglaterra. Los hermanos de Edmundo padre vivían en Carolina del Norte. El padre de Edmundito fue el último de los tres hermanos en salir de Cuba y su viaje fue costeado por su madre con la venta de una finca en Ciego de Ávila.

A los cuatro años de prestar servicio militar Edmundito se dio de baja de la Fuerza Aérea y se dedicó a trabajar en empleos pasajeros en Miami. Fue carpintero y laboró en los linotipos del *Diario las Américas* de esta ciudad. Su hermana se empleó como secretaria de un banco.

Ponce de León se sentó en la sexta fila del avión de Cubana de Aviación que saldría con destino a Varadero ese primero de noviembre de 1958 al mando del capitán Ruskin.

OMARA

Aunque sabía que estaba un poco retrasada para regresar a la casa de su tía y luego salir al aeropuerto a tomar el vuelo de regreso a Varadero, seguía haciendo compras. Para ella en ese momento lo importante era terminar de gastar en trajes de baños y otros caprichos, el dinero que le había dado su abuelo con la alcahueta advertencia de que no le devolviera ni un solo dólar. Omara González Rodríguez se fue directo a Blackston, una tienda de trusas y ropa interior de Miami, y sin mirar el reloj fue separando todo lo que le gustaba.[14]

Al regresar a la casa de su tía Julia María Rodríguez en el noreste de la ciudad, se enteró de lo que ya presentía: que su abuelo y su primo se cansaron de esperarla y habían salido para el aeropuerto situado entonces en la calle 36 del noroeste. Chicho, un amigo del barrio que se ufanaba de ser pariente de Desi Arnaz, el actor del famoso *Show de Lucy,* la llevó a la carrera al terminal donde la esperaban su abuelo y su primo Luis Sosa. Ella sintió alivio cuando supo que el vuelo estaba atrasado. Eran como las dos de la tarde del sábado primero de

---

14 Entrevisté a Omara González por primera vez para el artículo "La historia olvidada del primer secuestro aéreo" publicado en *El Nuevo Herald* el 8 de abril de 2002, p. 1. Desde entonces hasta la publicación de este libro hemos sostenido numerosas entrevistas personales y telefónicas en Miami.

noviembre de 1958. A esa hora, según el itinerario, ya los pasajeros debían haber sido llamados a abordar el Vuelo 495 de Cubana de Aviación con destino a Varadero. Pero el aparato continuaba en la pista y los pasajeros en la terminal.

A Omara, una muchacha inquieta y locuaz estudiante de secundaria del colegio La Inmaculada de La Habana, la tenía sin cuidado el atraso. A los dieciséis años no queda mucho tiempo para ser impaciente. Y al parecer a la azafata del vuelo de Cubana tampoco le preocupaba la demora pues cuando Omara llegó, la vio jugando con su primo Luis, de doce años, en una silla de ruedas que él empujaba.

Omara vivía con sus padres y sus dos hermanos en una finca entre Cárdenas y Varadero, al norte de Cuba. La familia tenía además una casa en la calle San Rafael de La Habana que visitaban con frecuencia. La joven pasaba los días de entre semana en esa casa, y los sábados y domingos se reunía con su familia en la finca. No había otro plan mejor para ella en el año que viajar de compras a Miami los fines de semana, visitar a sus primos y pasear por Miami Beach para conocer los nuevos hoteles. Entonces Miami era como una ciudad de Cuba; el vuelo no demoraba más de cuarenta y cinco minutos, y el pasaje de ida y vuelta costaba cuarenta y cinco dólares, un precio cómodo para una familia de clase media alta como la de Omara.

La familia giraba en torno a la figura patriarcal del abuelo materno de sesenta y cinco años, José Manuel Atanasio Rodríguez, uno de los vicepresidentes de la asamblea nacional de colonos de Cuba y un importante líder de la masonería de la isla. En la Cuba prerrevolucionaria se conocía como colono al propietario de plantaciones de caña independiente de las grandes centrales. Rodríguez era un hombre que combinaba su carácter sereno con el gusto por las altas velocidades en los automóviles Oldsmobile que estrenaba cada año. Cuando su gente le decía que no corriera tanto, él respondía que algún día "uno se muere de algo".

José Manuel y su esposa tuvieron trece hijos. La mayor, Felicita, quien aún vive, es la madre de Omara. Por diferentes motivos y provocaciones, la familia compartía además el desprecio al régimen de Batista. Casi todos hacían lo que estaba al alcance de sus nervios para complicarle la vida al dictador. Osiel González, hermano de Omara, había tomado las armas en las montañas del Escambray, ejemplo que siguió su hermano Osualdo. Algunos nietos vendían bonos revolucionarios y recaudaban dinero clandestinamente para los rebeldes. A muchos cubanos de esa época los abochorna aceptar que colaboraron con el movimiento. Lo cuentan con cierta vergüenza histórica porque se sienten culpables de haber dado alas a un gobernante que luego los traicionó y fue el principal causante de su destierro. Omara está entre ellos. Seis años después de haberla conocido me enteré de que toda su familia era antibatistiana. Su hermano Osiel, de setenta y tres años, me lo dijo sin tapujos en el 2008 a la salida de una iglesia de Miami: "Todos nosotros estábamos en contra de Batista", y Omara completó la frase aclarando: "pero no queríamos a Fidel, nosotros no disfrutamos el triunfo de Fidel".

Eran las tres de la tarde y el Vuelo 495 seguía atrasado. En las oficinas de la aerolínea un hombre con su esposa y tres hijos pequeños discutía acaloradamente con los empleados de la empresa porque estos se negaban a expedir los pasajes.

OSIRIS

Osiris Martínez Fornari sumó mentalmente las cosas que lo hacían feliz en ese momento y llamó desde La Habana a su esposa en Estados Unidos para que pusiera en venta la casa en Tennessee, o si era preciso la entregara en donación, lo mismo que todas sus pertenencias, y viajara lo más pronto posible a Cuba con sus tres niños para empezar una nueva vida. Martínez estaba eufórico. En solo una semana y media que había pasado en la isla alquiló una casa en Varadero, se compró un Chevrolet Bel Air último modelo y gastó en lo que quiso. Había recibido tres mil dólares en viáticos por el solo hecho de dejarse tentar con un nuevo trabajo en una fábrica de papel periódico recientemente inaugurada en la ciudad de Cárdenas. En esos días de octubre de 1958, "eso era un dineral, yo no esperaba ganar tanto, a mí me pagaban en dólares, y a los de allí en pesos cubanos. Era una planta de tres cuadras de largo, modernísima".[15] Sin consultarlo con su esposa, el hombre aceptó el empleo como inspector de calidad de la fábrica donde se ganaría 615 dólares mensuales, dos veces más de lo que recibía en la misma posición en la ciudad durmiente de Chattanooga,

---

15 Con Osiris Martínez tuve dos entrevistas en su casa de Miami en octubre de 2008.

Tennessee. Martínez trabajaba entonces como inspector de Bowaters Southern Paper Corporation, una industria papelera cuya casa matriz había invertido en el proyecto de Cárdenas en una alianza estratégica con el gobierno del dictador Fulgencio Batista. No dejaba de ser irónico que un presidente que tenía metida las tijeras de la censura en todas las publicaciones del país, estuviera invirtiendo en una fábrica de papel periódico.

En Cárdenas, pensaba Martínez, se sentiría en su ambiente raizal como miles de cubanos que como él nacieron en un central azucarero y se criaron en medio de las chimeneas que perfuman los atardeceres con el olor a caña molida. Martínez nació en el central Chaparra, en la provincia de Oriente, construido en cercanías de Holguín por la Cuban American Sugar Company, en 1899. Su padre, un ex sargento de la policía nacido en España, era el secretario del central que varias veces batió récords anuales de producción de más de cien mil toneladas de azúcar al año.

Cuando tenía unos veintidós años, Martínez salió de Cuba para estudiar el preuniversitario en el Tennessee Wesleyan College, en Athens, Tennessee, con una beca que obtuvo a través de los regentes del Candler College de La Habana, colegio en el que estudiaba la secundaria. En el preuniversitario de Tennessee, Osiris hizo dos años de ingeniería mecánica y allí conoció a Betty Haney, la hija mayor de Carl Haney, el gerente de operaciones de una fábrica local de ropa interior. Ella también estudiaba ingeniería. Osiris y Betty se casaron cuando ella tenía diecinueve años y él treinta y tres. A los suegros de Betty les cayó en gracia el cubano alegre y fornido de ojos profundamente azules, mas no a la abuela de su esposa que vivía en la misma casa de los padres. No quería cubanos en su familia. Quejarse de la vida que llevaba en Tennessee sería un acto de ingratitud con Dios, en quien entonces creía, pero las imágenes que se le venían a la cabeza de cómo sería vivir en Cuba, ganando en dólares, con una casa cerca al mar y al lado de sus hermanos y tíos, no las podía superar otra opción. Al aceptar la invitación de la fábrica de papel bagazo manejada por un ingeniero de apellido La Rosa, Martínez viajó a Cuba en octubre de 1958 como lo hicieron muchos de sus compañeros de la corporación papelera en Estados Unidos y Canadá, con el generoso estímulo de los tres mil dólares. Pero la mayoría de los aspirantes no aceptó la propuesta principalmente porque no hablaban español. En cambio Martínez tenía la ventaja de que dominaba los dos idiomas y ambas culturas. La única preocupación, aunque pasajera, es que semanas antes se había enterado en la televisión de Tennessee que por las montañas de la isla rondaban unos barbudos rebeldes que querían tomarse el poder.

"Cuando llego allá digo, 'ven acá, ¿qué es lo que pasa con Fidel Castro?', y me dice el ingeniero La Rosa, 'no te preocupes que Batista les va a dar una paliza, los va a acabar'".

Martínez se lo creyó.

Ignoraba que los rebeldes ya eran considerados una plaga de la industria azucarera. Desde noviembre del año anterior la Embajada de Estados Unidos había recibido reportes de incendios provocados en las plantaciones de caña de las centrales de Chaparra y Delicias que pusieron en riesgo la vida de por lo menos cincuenta estadounidenses. Centrales azucareras y complejos mineros como la planta de níquel en Nicaro, fueron constantemente objeto de sabotajes. Según un informe de octubre de 1958 del Departamento de Estado, las pérdidas de las empresas estadounidenses por las acciones de los rebeldes en los nueve meses corridos de ese año sumaban 2,2 millones de dólares (unos catorce millones de hoy). Las más afectadas eran las centrales azucareras por la destrucción de las plantaciones de caña.[16] Osiris tampoco sabía que en julio del 58 varios rebeldes secuestraron a once marinos y trece empleados de la base naval de Guantánamo. Y que ya era una práctica extendida que los alzados exigieran a las centrales contribuciones monetarias para sus ejércitos. El mismo mes en el que el entusiasmado Osiris aceptó el empleo, la Texas Company de Noruega, temiendo los ataques de los barbudos, envió a Jamaica a cuarenta y cinco de sus empleados que trabajaban en Santiago de Cuba.[17]

Cuando Martínez terminó de describir a su esposa la belleza de las playas de Varadero, la amplitud de la casa que había alquilado, las cifras de su sueldo y otras razones de su felicidad, al otro lado de la línea telefónica la mujer respondió como si le hubieran dado la peor noticia de su vida. Betty odiaba Cuba. No había superado la animadversión hacia la isla desde que estuvo a punto de perder a su primer hijo por cuenta de otra de las aventuras repentinas de su marido.

Todo comenzó cuando, recién casado, a Martínez se le ocurrió enrolarse en el ejército de Estados Unidos para combatir en la Guerra de Corea, y por respuesta recibió una carta del gobierno en la que no solo rechazaban la solicitud, sino que le informaban que estaba indocumentado. Muy cordialmente, y para no perder la oportunidad de un soldado más en el conflicto, el Tío Sam le indicó al solicitante que como tenía derecho a adquirir la ciudadanía estadounidense por haberse casado con una americana, debía viajar a Cuba y tramitar la

---

16   Memorando del Director de la Oficina de Asuntos del Caribe y Mexicanos (Wieland) al subsecretario de Estado de Asuntos Interamericanos (Rubottom), Washington, 10 de octubre de 1958.

17   Aerograma del 28 de octubre de 1958 enviado por la Embajada de Estados Unidos en Oslo al secretario de Estado.

residencia a través del consulado. Con el embeleco de presentar al primogénito a su familia cubana, se llevó a Michael Antonio, su hijo de pocos meses. El gringuito se enfermó de disentería y estuvo al borde de la muerte pero fue salvado por médicos de La Habana.

La angustia que vivió por esos día Betty desde las lejanías de Tennessee, provocó un rechazo visceral hacia la isla del Caribe por el resto de su vida. De manera que cuando Betty escuchó Cuba, nueva vida, nuevo empleo, nuevos amigos, se quería morir. Sin embargo no tenía otra alternativa. El panorama de esposa rebelde no encajaba en la época, y menos con tres niños para alimentar. Así que cerró la casa, empacó lo que pudo y salió obligada con sus tres hijos hacia Miami.

Betty y los tres niños también llegaron tarde al aeropuerto de Miami. El vuelo desde Tennessee no había sido una jornada fácil para una mujer de veinticinco años que actuaba en contra de su voluntad. Sus padres tuvieron que ayudarle a llevar al avión a los niños, el mayor, Carlos Manuel, de cinco años, el segundo, Byron Rosendo, de cuatro y Michael Antonio de dos años. Contagiados quizás por la angustia de su madre, los niños lloraban y gritaban para que no los subieran al avión que los llevaría a Atlanta y de allí a Miami. En Atlanta, la familia perdió el vuelo y debió esperar al siguiente.

Cuando ya se había reunido con su familia y todo parecía listo para abordar el vuelo a Varadero, Osiris se encontró con una extraña sorpresa en las oficinas de Cubana de Aviación del terminal de Miami. Los empleados empezaron a poner toda clase de trabas para impedir que él y su familia viajaran a Cuba. Primero exigieron unos documentos de inmigración que no se requerían, luego aumentaron el precio de los pasajes y al final simplemente le decían que no podía viajar, pero los argumentos eran tan débiles y arbitrarios que se desmoronaban uno a uno con las explicaciones de Osiris.

"Todo era muy raro, nadie me daba una razón lógica para no viajar", recuerda Osiris.

Al cabo de una hora de discusión, los empleados autorizaron de mala gana el abordaje de la familia. Padres y niños corrieron hacia la plataforma de embarque, subieron las escaleras del avión y como los demás pasajeros habían escogido sus asientos, se acomodaron en los puestos del final con la ayuda de la azafata. Antes de que el avión decolara, Betty, la esposa de Osiris, le entregó a su marido una póliza de seguro y le dijo, con una mezcla de tristeza y de rabia, que si ella moría en Cuba no la enterraran en la isla.

"UNA OPERACIÓN NUNCA ANTES VISTA"

En la carrera por sentarse en una silla con ventanilla, Omara logró la primera fila del avión, su primo Luis, la segunda, y el parsimonioso abuelo, José Manuel, se acomodó en la tercera. Ya sentados, Luis no quería darse por vencido y le insistió a Omara que cambiaran de fila. Ambos se encapricharon con el puesto porque desde allí tenían mejor vista de la cabina de mando. Ella aceptó. No le importó porque desde su asiento también podía espiar a los pilotos cada vez que la azafata olvidaba correr la cortina crema que los separaba de los pasajeros.

"Tenías el piloto ahí adelante y tu veías todo", afirma Omara.

Nadie tomó los puestos contiguos a Omara, Luis y José Manuel. Los demás asientos fueron ocupados por Juana María Méndez Márquez de González, una mujer de Cárdenas que estaba embarazada. A su lado acomodó a su hija de nueve años, Nancy Humberta González Méndez. En otra fila se sentó una joven llamada Laurelina Mena González, de Matanzas.

Por el estrecho pasillo del avión de cuarenta y ocho asientos se abrió paso la atafagada familia de Osiris que finalmente había logrado embarcarse. Omara no puede olvidar que los dos niños mayores de Osiris llevaban cada uno un pequeño hula-hula, los aros de plástico que giran contorsionando el cuerpo, y que su madre tuvo que ayudarlos a destrabar cuando avanzaban por el corredor del avión.

Cinco hombres aparentemente tranquilos se distribuyeron los demás asientos. Uno de ellos, Pedro Lázaro Valdez Orta, llevaba una identificación de empleado del Hotel Casablanca del noroeste de Miami. Tenía veintidós años, pelo negro, ojos café y un metro con setenta de estatura. Registró como dirección la casa en el 404 SW 5th Ave de Miami; otro de los asientos lo tomó Raúl Rolando Rodríguez Villegas, de veintidós años, nacido en Puerto Padre, también residente en Estados Unidos; a su lado se sentó Manuel Fernández Falcón, quien se identificó con un pasaporte falso bajo el nombre de Erasmo Aponte, y en otro puesto Edmundo F. Ponce de León, el reservista de las Fuerzas Aérea de Estados Unidos que se convirtió al castrismo después de escuchar el discurso del líder del 26 de Julio en un teatro de Miami.[18]

En total eran dieciséis pasajeros, cuatro miembros de la tripulación y un bebé en gestación.

Los indicadores de combustible del Vickers Viscount mostraban que los tanques habían sido abastecidos a su máxima capacidad. El comandante Ruskin Medrano encendió los cuatro motores turbohélice marca Rolls Royce y dirigió la aeronave hacia a una de las dos pistas del recién ampliado terminal de la calle 36. A través de la ventanilla, que entonces no tenían párpados de plástico como ahora, sino cortinas, Omara y Luis se despidieron de la tía Julia que no paraba de batir su mano desde la terraza del aeropuerto.

"No puedo olvidar que me parecía increíble que, a pesar de que ya estábamos llegando a la cabecera de la pista, yo podía

---

18 Los datos biográficos de los pasajeros figuran en los cables enviados por la Embajada de Estados Unidos al Departamento de Estado y que se basaban en gran parte en la información recaudada por los vicecónsules Wayne Smith y Hugh Kessler.

ver a mi tía Julia que seguía haciendo adiós a lo lejos en la terraza".

Programado para salir a las tres de la tarde, el Vuelo 495 partió del aeropuerto internacional de Miami a las 4:45 p. m. Medrano y el copiloto José Combarro enfilaron el avión hacia el sur con rumbo a Varadero, el popular balneario del noroeste de Cuba. El clima era bueno. A los diez minutos del decolaje, los sobrecargos Annie Sofía Reyna Ravenet y Orlando Jiménez anunciaron que distribuirían los formularios de aduanas para ingresar a Cuba. Omara se ofreció para llenar la declaración de su primo y su abuelo.

Annie Sofía, la azafata, tenía veintitrés años. Era uno de sus días de asueto pero debió reemplazar a una compañera que le pidió que cubriera su turno porque se sentía enferma, según versión de su primo y amigo de fiestas, Ricardo Casado.[19] Annie era una mujer de una vitalidad y belleza que no pasaban inadvertidas. Había decidido emplearse como azafata de Cubana de Aviación en un sorpresivo giro que le dio a su vida y que dejó confundidos a sus padres y amigos en La Habana. Ellos pensaban que la joven ya había definido sus metas como concertista de piano o quizás bailarina, pero no esperaban que terminara uniformada de sobrecupo.

Annie Sofía, quien había estudiado bachillerato en el colegio de las Dominicas de La Habana, tomó clases de piano en el Conservatorio Nacional durante toda su juventud, y alcanzó a ofrecer varios conciertos. También practicó el ballet bajo la dirección de la famosa bailarina cubana Ofelia Martin Hudson.

"Fue una decisión de chicos, le dio por eso, tal vez pensó que era un desafío, nunca quiso decir nada, solo dijo quiero

---

19 Entrevista telefónica el 18 de agosto de 2008. Hay además correos electrónicos que amplían la información.

probarlo aunque sea por un tiempo", recuerda Casado que hacía de chaperón de la muchacha en las fiestas y las visitas al bar favorito de los jóvenes de la época, el Pigalle, en el reparto habanero del Vedado.

El padre de la azafata, Juan Reyna Palma, un contador público de empresas británicas, se opuso a ese cambio repentino de rumbo, lo mismo que su madre, la inmigrante española Ana Ravenet. Annie Sofía estaba entonces enamorada de un joven de su edad. Había solicitado empleo en Eastern Airlines, que también volaba a la isla, pero no había obtenido respuesta. Aunque sus familiares y amigos nunca le conocieron veleidades políticas, un piloto de Cubana de Aviación me comentó que la azafata no ocultaba su desprecio contra el gobierno de Batista. Tanto así que prefería quedarse a bordo de los aviones que hacían escala en las ciudades de Cuba para no toparse con los policías y militares del régimen que vigilaban los terminales.[20]

¿Esto significa que simpatizaba con el Movimiento 26 de Julio?, le pregunté a su primo, periodista y profesor establecido en Tennessee, y él me respondió:

"Si era simpatizante no lo manifestó en casa. Nuestra familia no era política, pero aunque no simpatizaba con la dictadura de Batista que controlaba la nación, nunca se vio con muy buenos ojos la revolución que ya triunfaba. Tal vez cosas de viejos, y principalmente pertenecientes a una clase muy conservadora. Nosotros los jóvenes vivimos al margen de la política. Apatía, indiferencia hacia los males del momento. Tal vez, no sé, pero, en fin, nunca ella nos demostró nada que pudiera indicar que estaba con el Movimiento Revolucionario o que lo apoyaba".

---

20 Un ex piloto de Cubana de Aviación que no quiso identificarse me dio la información sobre el odio de la azafata contra el gobierno de Batista.

En el momento en que Annie Sofía y su compañero se disponían a repartir los formularios de inmigración, cinco hombres saltaron de sus sillas. Uno de ellos se dirigió a la cabina con un arma en la mano y otro anunció a los pasajeros de viva voz, sin micrófono, que el vuelo sería "desviado".

"Esta es una operación nunca antes vista en la historia de la aviación", agregó en un tono trascendental.

El joven pirata estaba en lo cierto. Lo que vendría era histórico. Hasta entonces ningún avión comercial había sido secuestrado en territorio de Estados Unidos. Pero el Vuelo 495 quedó perdido en la historia. Por un descuido solo explicable por la teoría de que el avión ya no volaba sobre territorio estadounidense, lo cual Osiris desmiente, los registros de los secuestros aéreos en este país señalan que el primero ocurrió en mayo de 1961, cuando un avión en ruta de Miami a Key West fue desviado a Cuba.[21]

---

21 Hasta la publicación en 2002 del artículo sobre el secuestro de Cubana de Aviación, la prestigiosa *Enciclopedia Britannica* decía: "El primer secuestro aéreo dentro de Estados Unidos ocurrió el primero de mayo de 1961, cuando una avión de una aerolínea comercial que se dirigía de Miami a Key West, Florida, fue forzado a desviarse a Cuba".

El Segundo Frente

En 1958, Raúl Castró llegó con unos cincuenta hombres a Sierra Cristal, una zona montañosa del noreste de Cuba donde estableció la sede del Segundo Frente Frank País, la columna más disciplinada del movimiento revolucionario. Brian Latell, ex jefe de Inteligencia Nacional de Estados Unidos para América Latina, señala que "el área que Raúl puso bajo su control era más extensa que aquellas que dominaba Fidel y dentro de ella creó una elaborada administración revolucionaria que en muchas formas sería el modelo para el nuevo régimen en La Habana".[22]

Desde su instalación en esta zona, el Segundo Frente fue blanco de continuos e implacables bombardeos de la aviación de Batista que contaba con el apoyo logístico y el suministro de bombas de la cercana base estadounidense de Guantánamo. La colaboración de los gringos con Batista enfureció a Raúl quien, en respuesta, ordenó una ola de secuestros de civiles y militares americanos, el más importante ocurrido en junio de 1958 cuando el Segundo Frente Frank País tomó prisioneros a 18 navegantes y 11 *marines* en la carretera que une Guantánamo con la base naval. Durante el cautiverio, Raúl trató de convencer a

---

22   Latell, Brian. 2005. *After Fidel: The Inside Story of Castro's Regime and Cuba's Next Leader*. Nueva York: Palgrave Macmillan, p. 17.

varios de los secuestrados de que los campesinos inocentes muertos en la zona habían sido aniquilados por los bombardeos indiscriminados de la aviación del gobierno con bombas de fabricación gringa.

En cierta forma su campaña tuvo un efecto favorable para la supervivencia del Segundo Frente: el gobierno de Estados Unidos suspendió algunas de las ayudas militares a Batista.

Si bien la topografía de la sierra garantizaba a los guerrilleros protección natural, ofrecía serios problemas de logística para el aprovisionamiento de armas y pertrechos. El transporte de los suministros por tierra era difícil y las vías fluviales estaban controladas por la marina. El piloto Roberto Verdaguer Boam, quien militaba en la Sierra Maestra bajó órdenes de Fidel Castro, había sido comisionado para buscar sitios donde improvisar pistas de aterrizaje dentro de los territorios controlados por los rebeldes. En uno de los lugares seleccionados se construyó una pista que fue estrenada el 30 de marzo de 1958 con el accidentado aterrizaje de un Curtiss C-46D Commando de Aerolíneas Nacionales de Costa Rica con hombres, armas y municiones. Bautizado en la Segunda Guerra Mundial como "La Ballena" y el "Ataúd Volador" por una serie de accidentes que sufrió, el avión iba al mando de Pedro Luis Díaz Lanz. Como copiloto llevaba a Verdaguer. Hubert Matus, el legendario combatiente de la sierra y Manuel Rojo Roche, el aventurero paracaidista y aviador argentino que coordinó el vuelo, se encontraban entre los pasajeros que soportaron el abrupto aterrizaje. Las maniobras de aproximación habían sido normales hasta que una de las hélices del bimotor golpeó contra un muñón de un árbol. El motor quedó inservible.[23]

---

23 La historia del avión Curtiss que aterrizó en la sierra, la tomé en gran parte del relato que hizo el capitán Roberto Verdaguer a la subcomisión del Congreso de Estados Unidos que investigó las amenazas del comunismo en el Caribe en enero

Pese a la oposición de Verdaguer, los rebeldes decidieron incendiar el avión después de descargar 38 fusiles Mauser, 10 Beretta, varias ametralladoras M-3, dos de calibre 50, 10 ametralladoras de mano Rainser y municiones, cortesía del antiguo jefe del ejército de Costa Rica y con la bendición discretísima del entonces presidente de ese país, José Figueres Ferrer.[24]

Años después, Rojo, el paracaidista, se asiló en Estados Unidos y relató a una comisión del Congreso la emotiva reacción de Fidel tras el obsequio subversivo de Figueres: "En varias ocasiones Castro no quiso reconocer la importancia histórica y el valor estratégico inherente a ese cargamento de hombres, camiones y armas, aunque el día que los recibió estaba loco de la alegría e incluso lloró, fue el domingo 30 de marzo de 1958".

La pista de arena de un poco más de un kilómetro de longitud, fue parcialmente destruida el 23 de agosto por dos aviones F-47 de la Fuerza Aérea Cubana, pero era tal su importancia para los guerrilleros que muy pronto fue reconstruida y sirvió para otras misiones igual de osadas. Carlos Lazo, entonces piloto de enlace de la Fuerza Aérea Cubana (FAC) y jefe del aeropuerto de Santiago, recuerda que el gobierno bombardeaba la pista en la noche y en el día los rebeldes la reconstruían con buldóceres robados.

A finales de octubre aterrizó allí un avión con 25 pasajeros que fue secuestrado por guerrilleros del 26 de Julio cuando cubría la ruta entre Cayo Mambí y Moa. A punta de pistola los rebeldes obligaron a la tripulación del DC-3 CUT-T8 de Cubana de Aviación a desviar su ruta. Después de varios días Raúl Castro ordenó liberar a los rehenes, pero el Segundo Frente se

---

de 1960. (Hearings before the Subcommittee to investigate the administration of the Internal Security Act and other internal security laws, January 22 and 23, 1960).

24 Datos tomados de "Origen, flujo y magnitud de los recursos financieros del Movimiento 26 de Julio", José Álvarez.

quedó con el avión. Los rebeldes lo remolcaron a un kilómetro y medio de distancia de la pista, donde fue cubierto con ramas. Un pequeño espacio del fuselaje que quedó al descubierto fue detectado por un piloto de las FAC que lo bombardeó.

La piratería aérea revolucionaria cobró la primera víctima a finales de octubre cuando un niño de nueve meses que iba a bordo de otro avión de Cubana de Aviación secuestrado, murió por falta de atención médica.

Rumbo a una de esas pistas clandestinas en Sierra Cristal se enfilaba el Viscount 755 turbohélice de Cubana en el atardecer del primero de noviembre bajo las órdenes nerviosas de unos piratas de no más de treinta años que aparentemente habían calculado los aspectos básicos de la operación, salvo el más importante.

Baraúnda

Tras el anuncio del primer secuestro aéreo en la historia de Estados Unidos, uno de los piratas caminó hacia la entrada de la aeronave y con una pasmosa seguridad, como si lo hubiera ensayado varias veces, levantó la alfombra del pasillo y removió unas láminas que cubrían un compartimento inferior. De allí sacó varios uniformes verde olivo, bolsas con municiones, botas montañeras de cuero, cantimploras y revólveres automáticos que fue pasando a sus compañeros.

"Se pararon cuatro muchachos, jóvenes, de veintipico", dice Omara. "No sé dónde estaban sentados porque yo estaba adelante. Estaban vestidos normales. Ellos se levantan, uno muy alto me encañona y dice no se puede mover nadie de aquí. Ninguno de ustedes se puede levantar y se empiezan a cambiar de ropa. Levantaron la alfombra y parece que había algo que se comunicaba con la parte de abajo del avión, mi primo me decía que quería ir al baño, pero no lo dejaron. No puedes ir, él se quería levantar".

Delante de los pasajeros los secuestradores se despojaron de sus vestimentas civiles hasta quedar en calzoncillos. Luego procedieron a ponerse uniformes de guerrilleros con los brazaletes negro y rojo del Movimiento Revolucionario 26 de Julio y las cartucheras al cinto repletas de munición.

Cuando Osiris salió de su espanto, se consoló pensando que si se trataba de rebeldes de Fidel Castro, el líder revolucionario que había visto en la televisión de Tennessee, probablemente no les harían daño. La impresión que le había quedado de las noticias es que no eran guerrilleros crueles y que luchaban por causas nobles. Al menos esa fue la sensación que quiso transmitirle a Betty, su esposa, que lloraba apretando contra su pecho al hijo menor.

"Yo tenía a uno sentado al lado, mi esposa estaba llorando, yo le dije que se quedara tranquila que creía que eran rebeldes, había visto hombres vestidos así en noticias de Fidel Castro".

Los secuestradores ordenaron a los sobrecargos sentarse en sus puestos especiales (*jumpseats*) al final del pasillo. Osiris recuerda que se asomó por la ventanilla y vio los cayos de la Florida, lo que significaba que no habían pasado más de 20 minutos de vuelo. Fue la última vez que pudo mirar hacia afuera pues los piratas ordenaron cerrar las cortinas. Betty, al borde de un ataque de pánico, le entregó a Michael Antonio, el menor de sus hijos, y ella tomó en sus brazos a Carl, mientras que la azafata puso a Byron en sus piernas.

En un intento por calmar a los pasajeros, los secuestradores dijeron que llevarían el avión hasta Mayarí Arriba, una población al oriente de Cuba enclavada en el corazón del segundo sistema montañoso más alto de la isla, con picos que pueden llegar a mil trescientos metros de altura. Allí dejarían "un paquete muy importante", reabastecerían el aparato de combustible y enviarían a los pasajeros de regreso a Varadero. Pero antes harían una requisa a los varones. Uno de los cinco hombres se acercó al asiento de José Manuel, el abuelo de Omara, y le pidió que se pusiera de pie. Omara se arrodilló en su silla y le pidió al secuestrador que no sometiera a esa humillación a su abuelo que era un hombre honorable.

"Mi abuelo abrió los ojos bien grandes como diciéndome que me callara", dice Omara.

El secuestrador ordenó a la muchacha volverse a sentar y procedió a catear el cuerpo del hombre de sesenta y cinco años en busca de armas. Omara sacó de su cartera un rosario de cuentas de madera que le regaló su papá y empezó a rezar entre sollozos.Entonces se dio cuenta de que el secuestrador más agresivo, a quien identificaría después como Edmundo Ponce de León, llevaba zapatos blancos. "Es una imagen que no puedo olvidar", dice la memoriosa mujer.

No es muy claro si a todos los pasajeros les sirvió de consuelo enterarse de que los piratas eran militantes del 26 de Julio, un movimiento con el que casi todos simpatizaban.

Ponce de León, que siempre negó haber sido miembro de la banda secuestradora sino un simple pasajero, asegura que nunca sintió temor.

"Yo escuché al secuestrador decir quédense tranquilos, no va a pasar nada. Ellos sacaron debajo del asiento uniformes y se cambiaron. No hubo violencia en el vuelo, inclusive yo puedo decir que casi todos los pasajeros eran revolucionarios, empezaron a sacar escuditos del 26 de Julio de los que vendían aquí en Miami y se los pusieron. La azafata le dio trago a la gente, era como un vuelo turístico", agregó Ponce de León.

Omara dice que recibió uno de los prendedores con el escudo del movimiento que le dio un secuestrador, pero lo guardó en su cartera. Su abuelo José Manuel nunca se lo puso como asegura Ponce de León. A ella se le traban las palabras de indignación cada vez que recuerda el comentario de que el vuelo parecía una excursión turística.

"Pero cómo se le ocurre decir semejante barbaridad a ese señor, si ahí todos estábamos aterrorizados porque no sabíamos cómo terminaría todo".

De los tres sobrevivientes que entrevisté, Omara es la más memoriosa. Ella conserva los recuerdos más precisos y sorprendentes. Su extraordinaria memoria no se limita a la tragedia. Toda su vida ha sido una persona de una prodigiosa retentiva que resuelve al canto las preguntas de sus parientes en Miami cuando olvidan los nombres de amigos y conocidos de Cuba, anécdotas familiares y direcciones exactas. Ella todavía recuerda números telefónicos de La Habana que ya no funcionan. La primera vez que me habló de las horas terribles que vivió ese primero de noviembre de 1958, fue en el 2002 en su apartamento de Coral Gables. Estaba muy nerviosa y su narración era una sucesión desordenada de frases muy cortas. Cada vez que yo intentaba precisar algunos puntos, ella esquivaba la respuesta con un terror evidente de volver a recorrer ese pasaje espantoso de su vida.

Con el tiempo Omara se fue sintiendo más cómoda y en confianza y durante las entrevistas que siguieron brotaron de sus relatos, casi en forma involuntaria, detalles que ella misma se sorprendía de haber recordado. Cuando se le venía a la memoria un episodio nuevo, me llamaba por teléfono y luego de disculparse por su impertinencia, lo narraba en forma atropellada primero y más tarde con más tranquilidad. Los aportes de su madre Felicita, hoy de cien años, también muy memoriosa, fueron fundamentales para reconstruir esta historia, aunque siempre en medio de un llanto sentido, como si el siniestro hubiera ocurrido la semana anterior.

Muchos de los detalles relatados por Omara los pude corroborar con documentos desclasificados del Departamento de

Estado o a través de otros testimonios. Para Omara el hecho de que los piratas pertenecieran al 26 de Julio no significaba que estuvieran fuera de peligro. "Es falso que la azafata haya repartido tragos", comentó.

A medida que transcurría el vuelo, los nervios de los secuestradores se crispaban. Entraban y salían de la cabina de mando refunfuñando en voz alta, lo que le permitió a los pasajeros enterarse del motivo de la agitación: estaban enfurecidos con el capitán Medrano porque se rehusaba a colaborar con sus planes. La juventud de los piratas parecía chocar con la veteranía y serenidad del piloto. Ellos querían obligarlo a hacer algo que él se negaba. El avión ya había sobrevolado Varadero y continuaba rumbo al nororiente de la isla.

En el peor momento de la desesperación de los secuestradores, Osiris escuchó decir a uno de ellos que tendrían que matar a Medrano si continuaba desobedeciendo sus órdenes. Omara alcanzó a oír lo mismo y unos detalles escabrosos adicionales: los piratas discutían si usaban un cuchillo o un revólver. "Uno de ellos dijo hay que matarlo", recuerda Omara, "sacó un cuchillo y entonces le dijeron coge tú el mando, no, hay que matarlo, ¿de un tiro? No, volamos todos, coge un cuchillo y mátalo".

La debacle

Los secuestradores autorizaron al capitán Medrano para ir al baño. Al salir de la cabina por primera vez desde que fue encañonado, el piloto dirigió una mirada a Omara que ella registró en su memoria por el resto de su vida como un aviso impotente de la tragedia que se aproximaba. "Fue una mirada con la que me dijo me van a matar o nos vamos a matar todos, de todas maneras era muy angustiosa", dice Omara. Hasta ese momento la operación del secuestro del Vuelo 495 había mostrado cierto grado de preparación e ingeniosidad de sus autores materiales y sus cómplices. Sin ningún inconveniente los piratas del 26 de Julio lograron introducir en las bodegas del avión las armas y pertrechos y luego dominaron a la tripulación y a los pasajeros en forma relativamente sencilla. Quizás sin proponérselo también consiguieron que el *striptease* a la vista de todos para luego vestirse con los uniformes de combatientes revolucionarios, ponerse los brazaletes del movimiento y las cananas, contribuyera a reforzar el efecto intimidatorio de su irrupción. Lo que nadie se explica es cómo se les ocurrió el siguiente paso: obligar al piloto a aterrizar el avión en una pista de Cerro Cristal mucho más corta de lo que requería esta aeronave.

El Viscount turbohélice necesitaba una pista de por lo menos un kilómetro y medio y la de Cerro Cristal, controlada por el Segundo Frente, no pasaba de un kilómetro. Semejante error de cálculo podría haber sido el origen de la discusión en la cabina entre el piloto Medrano y los secuestradores.

"Medrano sabía que era un suicidio tirarse en esa pista", me comentó el piloto Carlos Lazo que sobrevoló varias veces el aeropuerto clandestino del Segundo Frente como aviador de reconocimiento de la FAC.[25] Los piratas parecían convencidos de que el aterrizaje sí era posible. "Entre ellos hablaron de la Sierra Cristal, que ahí Raúl estaba esperando con linternas, nos van a hacer señales, decían", según Omara.

Una vez el capitán Medrano regresó a la cabina, los hombres del 26 de Julio ordenaron a los pasajeros adoptar la posición para aterrizajes de emergencia: doblar el tronco hacia delante, las manos en la cabeza y una almohada entre el pecho y el regazo. Las luces internas de la aeronave se apagaron. Entonces el avión tomó altura, aparentemente para remontar las cumbres de Sierra Cristal. "Subía y subía, estábamos como cuando el avión despega del aeropuerto, así, inclinados", afirma Osiris. En un punto de esa elevación, empezó un descenso vertiginoso, como si la aeronave se fuera a pique, pero la caída se interrumpió abruptamente cuando el piloto, a escasos metros de tocar tierra, puso toda la potencia de los motores para volver a los cielos parcialmente nublados de la zona.

"Los motores rugían porque parece que iban a tocar tierra, y el avión volvía a tomar vuelo", afirma Osiris mientras dobla su cuerpo primero hacia delante, luego hacia atrás como si aquello fuese una montaña rusa. El procedimiento se repitió

<hr />

25 El piloto Carlos Lazo fue de gran ayuda para reconstruir esta historia. Lo entrevisté por primera vez en agosto de 2008 en Miami. Lazo, entonces jefe del aeropuerto de Santiago de Cuba, llevó al lugar del siniestro a los inspectores de la Cruz Roja.

alrededor de diez veces. Los niños gritaban. Otros pasajeros vomitaban mientras que almohadas y maletines caían de los compartimentos superiores. En uno de los intervalos de las aproximaciones suicidas, Juana María, la mujer embarazada, se arrodilló en el pasillo y le rogó a los secuestradores que la llevaran sana y salva a tierra porque ella quería vivir para ver a su hijo nacer. El ruego fue ignorado.

"Yo sentía un miedo horrible, cogimos mucha altura, buscando la sierra. Me dijeron que tenía que bajar la cabeza y con el cinturón bien apretado. Todo era a gritos, amárrense los cinturones, bajar la cabeza", relata Omara. Presa del pánico, Omara empezó a temblar. "Sentían mucho frío, había vomitado, y entonces uno de los secuestradores recogió una de las chaquetas de ellos que estaba en el piso y me la tiró encima".

Por unos pocos minutos los intentos de aterrizaje se suspendieron y el avión, ya estabilizado, se dirigió hacia el occidente. La calma no duró mucho tiempo. Ahora los piratas pretendían que Medrano y el copiloto posaran el Viscount en otra pequeña pista, la del central azucarero de Preston, un pueblo de unos cinco mil habitantes de la provincia de Oriente donde nunca pasaba algo extraordinario, salvo en las últimas semanas que unos incendios premeditados en las plantaciones de caña le habían recordado a los pobladores que el país estaba en guerra.

PRESTON

Henry Murray, un subgerente del central azucarero de Preston que vivía en la cercana población de Guaro, llamó a su hermano Harold, médico del hospital del central y le dijo: "Coño, ha pasado un avión grandísimo y por poco choca con la línea eléctrica", exclamó.

Henry se refería al tendido eléctrico de la carretera que une a Guaro con Mayarí. El pensó que el piloto del avión de Cubana de Aviación tenía intenciones de aterrizar en la autopista cercana. Desde su casa del Central Preston, a unos 27 kilómetros de Guaro, al otro lado de la línea telefónica, el médico le pidió a su hermano que le precisara por dónde iba el avión. "Yo creo que va para allá a tu pueblo", recuerda Harold que le respondió Henry. La casa de Harold, con vista al mar, estaba situada a pocos metros del hospital. En cualquier momento, pensó el doctor, lo llamarían de emergencia.[26]

En Cuba las centrales azucareras tenían dimensiones de pequeñas ciudades construidas a imagen y semejanza de pueblos de Estados Unidos. El Central Preston no era la excepción sino el modelo de muchos otros en la isla. Fundado en 1902

---

26 La conversación de Harold Murray, el médico de Preston, con su hermano Henry, fue rememorada por el doctor durante una charla con el autor el 7 de diciembre de 2009 en su consultorio de Miami. Murray salió de Cuba en 1970.

por Andrew Preston, presidente de la United Fruit Company, el lugar se asemejaba a "un pueblo americano desde donde se le mire" escribió Rachel Kushner, autora de una nostálgica novela que transcurre en buena parte en esa población durante el mismo año del siniestro aéreo. "La United Fruit construyó toda la infraestructura, los caminos, las carreteras, la electricidad, operaba su propio servicio de correos, un ferrocarril, el transporte, todo", afirma la autora de *Telex from Cuba*.

La población estaba aislada del resto de Cuba no solo por las mallas que rodeaban las calles ciegas del central, sino por un estado mental de serenidad imperturbable. Era un pueblo de siesta diaria en donde la vida se contaba en zafras y todo parecía funcionar como un reloj. Tenía un club para los estadounidenses y otro para los cubanos, un buen hotel, una cancha de golf de nueve hoyos, escuelas privadas, hospital y piscina pública. La población, rebautizada por la revolución como Guatemala, está asentada sobre una península que se interna en forma de delfín en las aguas de la enorme Bahía de Nipe.

"Todo era exclusivo. Todo era muy tranquilo, no había prisa de nada, mi mujer decía que era un lugar muy apacible",[27] recuerda el odontólogo Manuel Zúñiga, hijo de un colono de la zona. Las amplias casas de madera de los directivos, casi todas pintadas de amarillo claro, contaban con los aparatos electrodomésticos más modernos y sus dueños eran atendidos por una legión de criadas, choferes y jardineros cubanos que vivían en cuartos separados de la casa o acudían a su trabajo desde los repartos cercanos. Una familia estadounidense podría tener bajo su mando hasta diez sirvientes y ayudantes.

La compañía explotaba trescientas mil hectáreas de caña de azúcar en una vasta infraestructura agroindustrial que expulsaba

---

27   Entrevista telefónica con el autor, 27 de enero de 2011.

varios millones de toneladas de azúcar al año por sus centrífugas. Uno de los habitantes de Preston, a quien un periodista le preguntó en esa época cuánto influía en su vida la empresa, respondió: "Hasta los cordones de mis zapatos son de la United". El central tenía a su disposición dos aviones DC-3, una avioneta para el gerente y una flota de embarcaciones. Contaba además con una emisora y un periódico mensual y sus calles eran vigiladas día y noche por guardias privados, o serenos, como se les llamaba. En una de las esquinas de este pueblo el padre de Fidel Castro le compró a su hijo el primer revólver y para la larga historia de las ironías de la revolución cubana hay que destacar que los vendedores fueron unos militares gringos que estaban de paso. "Un Colt legítimo del US Army", afirmó Fidel en una entrevista. Fidel usó por primera vez el regalo de su papá en tiempos de pistolero universitario para meterle dos disparos en el estómago a Leonel Gómez con el único fin de lucirse ante el carismático líder estudiantil Manolo Castro.

En 1958, entre el central Preston y la cercana población de Banes vivían ciento veintiún estadounidenses que no parecían muy preocupados por las incursiones guerrilleras ni los secuestros aéreos y terrestres ordenados por Raúl en la zona, según reportaba el consulado el primero de noviembre en La Habana.[28] Sin embargo, en esos días la situación de Cuba cambiaba en cuestión de horas. Al día siguiente, dos de noviembre, el vicepresidente de la United Fruit Company para toda Cuba, W. G. Raines, preocupado porque una columna rebelde se acercaba a Banes, informó a sus jefes en Estados Unidos que de continuar empeorándose la situación tendrían que evacuar a los americanos del área. Raines consultó con la Embajada

---

28 Telegrama confidencial de la Embajada de Estados Unidos en La Habana a la Secretaría de Estado, primero de noviembre de 1958, 5:29 p.m.

si sería posible que la Base de Guantánamo enviara una embarcación para sacar al personal en caso de que fuese necesario.[29] La Embajada respondió que no era conveniente mantener un barco anclado, solo por si algo grave ocurría, aunque garantizó que ante un peligro inminente despacharía de inmediato un par de hidroaviones. A las pocas horas de obtener esta respuesta, Raines tomó su propia decisión: pidió una embarcación de United Fruit Company en la que sacó de Cuba a los empleados en riesgo.

El doctor Murray, hijo de un británico veterano de la Primera Guerra Mundial y de una modista de Mayarí, salió de su casa en Preston y, en efecto, vio que el avión que tenía intrigado a su hermano pasó a baja altura con dirección al pueblo. "Era un cuatrimotor, eso hacía temblar al pueblo e inmediatamente se desapareció". No hallaba ninguna explicación sobre el paso del avión a esas horas y menos aún si el aeropuerto del central no tenía iluminación para operaciones nocturnas.

Los pobladores entrevistados por el autor coinciden en que el avión hizo sus primeros sobrevuelos pasadas las seis de la tarde. El ruido de los motores rompió la tranquilidad sabatina de la población y de inmediato desató una angustiosa cadena de especulaciones que relacionaban el incidente con la tensa atmósfera que ya se respiraba en la zona por el asedio de los rebeldes y las elecciones teñidas por las noticias de maniobras fraudulentas de Batista. Con la mirada hacia el cielo, esperando el próximo paso del avión, algunos de los habitantes del pueblo confesaban su temor de que este fuera el preámbulo de un bombardeo rebelde al ingenio azucarero. Otros pensaban que el objetivo sería atacar una base cercana del ejército, y había

---

29 Reporte 481 de la embajada de Estados Unidos en La Habana al Departamento de Estado el 7 de noviembre de 1958, firmado por Daniel M. Braddock.

quienes trataban de tranquilizar a los demás asegurando que era un avión de la Fuerza Aérea Cubana en operación de reconocimiento.

Desde la avenida A, la principal arteria del central, los testigos tenían ocasión de ver por muy poco tiempo el avión cuando pasaba veloz y ensordecedor a muy baja altura. En otros sobrepasos quedaban encandilados con los reflectores de la aeronave. Algunos de los residentes estadounidenses del área no querían preocupar a sus familias. Anna McCarthy, la hija del jefe de seguridad de la mina de níquel de Nicaro, un pueblo cercano a Preston, tiene grabada en su memoria las imágenes del avión "volando en círculos y zumbando". Esas imágenes fueron siempre una historia sin final para ella hasta que cincuenta años después se enteró de lo que había ocurrido en el pueblo al leer mi crónica publicada en 2009 en *The Miami Herald*. "Nunca supe hasta su artículo que el avión había sido secuestrado. Mis padres trataban de blindarnos del terror de la guerra aunque nosotros fuimos y vimos bombardeos en las colinas", me escribió McCarthy tras la publicación.

Al momento de los sobrevuelos del avión de Cubana sobre Preston, José Conde, el hijo de veintiocho años del dueño de la cafetería Siglo XX que funcionaba en el corazón del central, tenía a su disposición varios corresponsales espontáneos de los sucesos. Antes de la primera aproximación al pueblo, el restaurante estaba repleto de clientes que habían salido de la vespertina del cine del central.[30] Entre intrigados y estremecidos por el ruido de los motores del Viscount, los comensales desocuparon el lugar. Minutos después regresaban en grupos a compartir toda clase de versiones entre absurdas y reales. Algunos aseguraban que el piloto estaba implorando por un altoparlante que

---

30   Entrevista con el autor el 7 de diciembre de 2009.

iluminaran la pista. "El piloto decía: 'Cubana de Aviación, vuelo Miami-Varadero solicita iluminar la pista, pide ayuda para aterrizar en la pista del central", recuerda Conde que le relataban los clientes. Ex pilotos de Cubana de Aviación consultados por el autor explicaron que ese tipo de avión no tenía ningún sistema de altoparlantes y que si así fuera, el ruido de sus motores lo asordinaría totalmente. Otros contaban que el avión volaba a tan baja altura que alcanzaron a escuchar los gritos de los pasajeros.

En la zona rural que rodeaba la bahía, los campesinos también estaban nerviosos. Uno de ellos recuerda haber escuchado una sirena que salía de la aeronave y conserva viva la imagen de algo mucho más probable: el avión encendiendo y apagando sus potentes reflectores sobre las plantaciones. "Eso fue por la noche, el avión daba vueltas, nosotros vivíamos aquí, no había cerca, teníamos un campo de maíz grandísimo, el avión iba así, y sacaba los reflectores, se veía esto que parecía de día, no se tiraba, ya se tiró decían los paisanos, pero no se tiraba, volvía otra vez y levantaba", recuerda Guillermo, un agricultor que continúa viviendo en la zona. Con la esperanza de guiar al piloto, algunos campesinos se apostaron en la playa de la bahía con antorchas. Antonio Urbina, representante de Cubana de Aviación en Preston, tuvo una idea similar: trató de convencer a varios amigos y vecinos de que llevaran sus automóviles a la pista de aterrizaje para guiar al piloto. Tito Arias, otro residente de Preston, se unió a la caravana luminosa.

A eso de las 8:15 de la noche, Martin Charles Laffie, el espigado gerente de la United Fruit and Company que operaba el central de Preston, salió al jardín de su casa buscando en el cielo oscuro el avión errático que mantenía al pueblo en vilo. Algunos de sus trabajadores le habían dicho que el turbohélice

volaba a tan baja altura que había derribado varias antenas de
televisión y que a su paso por el centro del pueblo encendió
las luces intermitentemente creando pánico.

Los piratas del Vuelo 495 habían desistido de su plan de
aterrizaje en territorio del Segundo Frente y buscaron la pista
de Preston que además de presentar el mismo obstáculo mor-
tal de la anterior por su corta extensión, estaba situada en una
zona bajo un fuerte control militar del gobierno batistiano. A
pocos kilómetros de allí funcionaba un cuartel en donde los
altos mandos militares ya habían recibido el reporte de que el
avión había sido secuestrado por rebeldes del 26 de Julio. La
distancia en avión entre Mayarí Arriba, donde más temprano
Medrano intentó aterrizar, y el central azucarero de Preston es
de unos cinco minutos.

Laffie no tuvo que esperar mucho tiempo para ver pasar el
imponente avión como una gigantesca mariposa negra sobre
las palmeras de su jardín. Mientras los chismes nerviosos sur-
caban de puerta en puerta en Preston, el representante de Cubana de Aviación y quienes lo acompañaron en la misión de
iluminar la pista con las luces de los automóviles, se encontraron con una terrible sorpresa al llegar al aeropuerto: el ejército había colocado barriles de metal y varias cadenas atravesaban
la pista para impedir el aterrizaje.

El capitán Medrano conocía muy bien la zona. Había sido
piloto de los aviones "lecheros" de Cubana, los fieles y vene-
rables Douglas DC-3 que cubrían Cayo Bambi y Moa, y luego salían a Manzanillo, Camagüey y La Habana. Conde, el ex
administrador del restaurante de Preston, cree que la intención
de Medrano era quemar el combustible al máximo para intentar el aterrizaje en un trayecto abandonado y sin pavimento
que estaba al final de la pista y que no había sido bloqueado

por el ejército. Aquellos lectores con acceso al buscador geográfico Google Earth, podrán verificar que la pista todavía es visible.

Mientras sobrevolaban a Preston, los piratas comenzaron a dar muestras de fatiga. Cinco horas de órdenes y contraórdenes, de barrenas suicidas y de ascensos de vértigo, de gritos y súplicas de los pasajeros y de rostros de niños en pánico, hicieron mella en sus nervios. Ahora la supervivencia personal parecía más importante que la revolución. Aparentemente no les importaba que una vez a salvo en el aeropuerto de Preston su destino forzado fuese salir de la aeronave con las manos en alto y entregarse como prisioneros de guerra a militares batistianos armados hasta los dientes. En ese escenario no parecía probable que los secuestradores utilizaran a los pasajeros como rehenes para lograr su libertad, pues el espectáculo de mujeres y niños norteamericanos encañonados al salir del avión no se lo perdonarían los Castro, siempre atentos a la buena imagen internacional del Movimiento. Ya lo decía Carlos Franqui, el relacionista público de la revolución: "la propaganda o la información pública, era un arma decisiva en nuestra lucha". El epílogo de los rehenes en esa opción de los piratas tenía todos los visos de un fiasco publicitario para un proceso revolucionario que en las últimas semanas había conquistado la admiración internacional. Batista celebraría en La Habana el gran golpe a los secuestradores castristas y distribuiría al mundo entero las fotografías de los pioneros de la piratería aérea internacional rendidos con sus manos en la nuca.

Algunos testigos dicen que cuando la aeronave hacía las aproximaciones a Preston, solo llevaba encendido dos de los cuatro motores, quizás para ahorrar combustible. El Viscount tenía una autonomía de vuelo de cinco horas. Si había partido a las 3:45 de Miami, el indicador del combustible ya debía estar recostado sobre la raya del cero. Que la aeronave hubiera podido mantenerse operativa todo este tiempo confirma que el tanque había sido llenado hasta el tope en Miami.

La cabecera occidental de la pista del Central Azucarero estaba a no más de doscientos metros de una densa hilera de manglares que amurallaba las costas de la Bahía de Nipe, una de las más grandes del mundo. Con 25.9 kilómetros de largo y 16.8 de ancho, la bahía también es famosa porque en sus aguas cálidas buscan refugio varias especies de tiburones. Un pescador de la zona de más de noventa años exiliado en Miami, me contó que era tal la presencia de tiburones, que siendo niño solía practicar un juego macabro con sus amigos: les sacaban los ojos a los tiburones recién pescados y luego los tiraban de nuevo a la bahía solo para celebrar los espectaculares volantines que los animales ciegos daban desesperados por su desorientación.

Esa noche del primero de noviembre, sobre las aguas ligeramente tranquilas de Nipe, se desplazaba una de las principales embarcaciones de la Marina de Guerra Cubana. A bordo de la fragata Antonio Maceo, los oficiales de la armada ya habían sido informados del secuestro del avión por parte de bandoleros de Castro, como solían referirse a los guerrilleros el embajador estadounidense Earl Smith.[31] En una frágil canoa cerca a las costas de la bahía, René Sánchez y su hermano Manuel pescaban camarones. Cuando los hermanos vieron que aquel monstruo volador que había pasado errático varias veces sobre sus cabezas buscando la pista del central, parecía irse a pique contra ellos, solo se les ocurrió apagar el mechón de petróleo que usaban y encomendarse a Dios.

31 No confundir con el posterior jefe de misión de la Sección de Intereses de Estados Unidos en Cuba, Wayne Smith, quien para la época de Earl Smith se desempeñaba como vicecónsul.

La caída

Osiris Martínez no recuerda cuántos intentos de aterrizaje hizo el avión en Preston, pero no olvida que fueron varios y brutales. Los gritos de los pasajeros encorvados en sus sillas arreciaban cada vez que el Viscount se lanzaba en picada y luego remontaba con toda la potencia de sus motores. Hasta que el combustible no dio más oportunidades. Cuando el avión se enfilaba para emprender otra de las aproximaciones, un secuestrador salió de la cabina de mando y anunció con su rostro pálido que sería el último intento. "¡Se acabó la gasolina!", gritó, y se sentó en una de las sillas adoptando la posición fetal en preparación para el aterrizaje de emergencia. Aparentemente los demás secuestradores hicieron lo mismo aunque durante el vuelo los pasajeros vieron que por lo menos uno de los piratas siempre estuvo en la cabina. Osiris se abrazó a su hijo y dirigió una mirada a su esposa que protegía al segundo y a la azafata que cuidaba del tercero.

Con su pecho sobre la almohada apoyada en sus piernas, Omara rezaba en voz baja pasando las cuentas del rosario. Al asomarse por entre la separación de los asientos hacia atrás, vio en la misma posición a su abuelo y adelante la silueta de su primo que lloraba. El avión se proyectó hacia la cabecera occidental de la pista. A pocos metros, el piloto encendió las luces del aparato y se encontró con la fatídica barricada de barriles del ejército. De inmediato haló al máximo el control de los alerones y tomó altura enfilando la nariz del avión hacia la bahía. Lo que supuestamente ocurrió en los segundos siguientes en la cabina de mando solo ha sido descrito al autor por Ponce de León, quien presuntamente iba en uno de los asientos como pasajero. En el momento en que Medrano trataba de recuperar altura, explicó Ponce de León, la fragata Antonio Maceo, que se acercaba a las costas de la bahía, disparó una ráfaga de balas trazadoras que encandilaron al piloto y le provocaron una fatídica confusión. Los proyectiles no dieron en el fuselaje pero hicieron que Medrano diera un giro brusco del timón y perdiera el control de la aeronave para siempre.

El avión, que volaba a una altura no mayor de doscientos metros, se fue a pique en uno de los bolsones de la bahía. Quizá los testigos más cercanos de la caída del avión fueron René Sánchez y su hermano, que pescaban camarones a esa hora. Emparedados entre la oscuridad del cielo y las aguas de la bahía, escucharon muy cerca el golpe del avión contra el mundo. El mar se embraveció como si una tempestad repentina se hubiera descuajado sobre la bahía.

Pasadas las 11 p. m., Laffie, el gerente del central, recibió una llamada de un sargento del puesto del ejército local con la mala noticia: el avión se había estrellado cerca a Punta Cuaba.

A FLOTE

El golpe le arrancó a Osiris Martínez su hijo de los brazos. Nunca más lo volvió a ver. Osiris cayó en un profundo agujero negro en el que se hundía cada vez más, sin respiración, hasta que lo detuvo un golpe seco en la cabeza que creía que era la muerte. Una leve llovizna caía en la zona. A esa hora, en el lugar del accidente la profundidad promedio era de unos cuatro a seis metros.

"Me tiró como si fuera volando por el aire, pero era debajo del agua, entonces yo sentí el golpe aquel y me quejé, yo mismo me oía, aaaaaay". Osiris cree que se golpeó con el fondo de la bahía y de allí empezó a salir a la superficie tragándose toda el agua que su incapacidad de nadador le permitía. Fue un ascenso infinito comandado por sus impulsos de supervivencia y no por su conciencia, que estaba entonces fuera de servicio. Osiris logró salir a la superficie, y al recuperar el conocimiento despidió un chorro de agua por la boca que, cincuenta años después, le parece que fue eterno porque retrasaba sus deseos de gritar los nombres de su esposa y sus tres hijos. "Me salía y me salía agua como si fuera una manguera, sin parar, y cuando trataba de gritar, lo que brotaba era agua y más agua".

Finalmente con la garganta libre, empezó a llamar a los suyos rogándoles en español que le dieran una señal de vida en medio de esa sopa negra de mar y combustible. Su esposa y sus hijos no hablaban español. De todos modos ninguno respondió. Osiris hacía un gran esfuerzo por mantenerse a flote, chapoteaba instintivamente con los brazos sin mayor coordinación, pero sus lesiones y la imposibilidad de nadar conjuraban contra su vida. Tenía varias costillas rotas, la rodilla y el tobillo fracturados. Se hundía y volvía a flotar, y en medio de esta agonía sacó fuerzas para alcanzar un objeto cercano que parecía sólido y que brillaba con el resplandor de las luces de un pueblo cercano. Solo supo que se trataba de una de las puertas del avión cuando posó su mano en uno de los bordes y descubrió que lo mantenía a flote. Allí volvió a llamar a Betty y a los niños, pero lo único que se escuchaba eran quejidos, sin saber de quién.

Mientras con una mano se sujetaba a la puerta, con la otra se quitó la ropa hasta quedar en calzoncillos, no sin antes sacar la billetera con su identidad impulsado por un presentimiento que lo asaltó extrañamente en ese instante: que lo fuesen a confundir con uno de los secuestradores. En un momento sintió aterrorizado que una mano se posaba en su hombro. Volteó su cuerpo velozmente y reconoció el rostro lívido de Juana María Méndez, la pasajera embarazada. La mujer parecía expulsada de las mismas profundidades de las que se había salvado Osiris. Tampoco sabía nadar y trataba de salvarse buscando apoyo en su hombro, pero con tal fuerza que lo estaba hundiendo también. "Me dio un gran susto cuando la vi, y le dije que me iba a hundir a mí también. Ella se soltó y se hundió".

La puerta del avión se sumergió en el extremo del que estaba asido Osiris, quien se lanzó hacía una almohada, que obviamente no aguantó su peso. Así que tuvo que confiar de nuevo en la puerta flotante, esta vez sin apoyarse con mucha fuerza, solo con la barbilla, lo que le impedía gritar. Osiris se resignó a pasar la noche apoyándose en la puerta del avión con la esperanza de que en la madrugada llegarían los equipos de rescate. En un momento se tocó la cabeza y contó con sus dedos tres profundos agujeros sangrantes. "¿Cómo era posible que estuviera vivo si podía meterme los dedos en los huecos del cráneo?", se pregunta hoy asombrado.

Un poco más tranquilo recorrió con su mirada la escena del accidente y muy cerca vio que dos de los secuestradores, todavía vestidos con el uniforme verde oliva, habían logrado treparse a la superficie de una de las alas del avión que quedó parcialmente fuera del agua. Escuchó comentar a uno de ellos que la bahía estaba infestada de tiburones. Osiris no habló con los piratas, pero minutos más tarde los vio partir a nado hacia la orilla en calzoncillos.

Cuando se fueron apagando los últimos quejidos, escuchó lo que parecía un chapuceo de remos. La imagen que apareció ante su vista brumosa parecía un espejismo: una canoa rudimentaria con un joven pescador a bordo que se dirigía hacia él. La escena adquirió realismo cuando el joven le pidió que tratara de subir a la embarcación. Osiris no tenía fuerzas para hacerlo. Se había fracturado la mitad de las costillas. Finalmente lo logró con ese aliento residual que produce la angustia de la muerte cercana. "Sube que aquí hay mucho tiburón, me dice el guajiro. Yo no podía, estaba muerto". Como el bote tenía en el fondo agua fría de lluvia acumulada, el cuerpo corpulento del hombre que estaba en las aguas tibias del mar, empezó a convulsionar, lo que hizo bandear peligrosamente la canoa. "El cuerpo mío empieza a dar brincos y me dice oye nos vas a virar, nos vamos a virar', me decía el guajiro mientras yo temblaba sin control y él me ponía la luz de la linterna en la cara".

La canoa resistió el zarandeo. Osiris recuerda que al llegar a la orilla el pescador le dio unos pantalones y le dijo que iría a rescatar a otros sobrevivientes.

¿DÓNDE ESTÁS?

En una ínfima fracción de segundo, antes de ser expulsada violentamente del fuselaje, Omara González vio que frente a ella se abría un infinito paisaje oscuro y tenebroso que reemplazó de un golpe la imagen del pasillo del avión y la cabina de mando. Omara supone que en ese instante el avión se partió en dos y ella quedó suspendida al filo del agujero, la inmensidad de la noche ante sus ojos y el rosario de cuentas de madera enredado entre los dedos. "El avión se parte, y yo me fui por el aire, el avión viene en picada, y se parte y del hueco salgo yo volando, y caigo al agua. Cuando se parte, salgo por un hueco, viene toda la gente que estaba sentada atrás, pero yo caigo primero, yo caigo de cabeza", recuerda Omara. El golpe que catapultó el cuerpo de la pasajera de dieciséis años hacia la bahía rompió el cinturón de seguridad. Omara no recuerda cómo salió a flote. "Yo estaba inconsciente, pensaba que me estaba lavando la cabeza en la peluquería, oigo los gritos de mi abuelo y mi primo, les iba responder pero perdí el conocimiento, no podía hablar".

Cuando volvió en sí, lo primero que escuchó de nuevo fueron los gritos de su primo Luis que la llamaba sin parar, repitiendo en retahíla "Omara ¿dónde estás, Omara?". Ella respondía cuando lograba sacar la cabeza del agua, pero era muy poco lo que podía moverse porque su dominio del mar no iba más allá de la afición por los trajes de baño. Omara nunca aprendió a nadar. A duras penas se mantenía a flote. En esas estaba cuando una de las sillas del avión que flotaba en posición vertical se fue acercando lentamente. En la silla venía sentado su abuelo, José Manuel Atanasio Rodríguez quien, agonizante pero en un tono apacible, le dijo que tratara de salvarse porque él iba a morir. "Le dije a mi abuelo sálvame, nos abrazamos, y me dijo te tienes que salvar". José Manuel no volvió a musitar palabra. Sus órganos internos habían quedado destruidos.

En ese momento Luis, que era nadador profesional, llegó hasta donde ella estaba, empujando una maleta flotante que fue la salvación de ambos. En los primeros minutos que siguieron al impacto, la joven escuchó gritos de niños y de adultos, pero poco a poco las voces se fueron disipando. "Empezaron a morir las personas, a ahogarse, era muy profundo, el avión debió caer como a cien metros de la tierra, es la Bahía de Nipe, la segunda más grande del mundo, se van callando, y vamos quedando menos, yo escucho a Osiris y le pregunto ¿dónde estás, qué es lo que tienes?, y Osiris me dice que no aguantaba el dolor porque tenía una pierna fracturada. Yo estaba llena de querosene".

Cansado de sostenerse a flote, Luis probó que la maleta también resistía su apoyo. Al parecer tenía en su interior una frazada militar que la hacía flotar. "Estaba lloviendo, estaba oscuro, era una noche de esas oscuras, no nos veíamos ni las manos. Luis se queda conmigo, compartimos la maleta, yo le doy el asa, y seguía escuchando a Osiris".

Omara se quitó los zapatos pero se dejó el vestido grueso y pesado de pana de Christian Dior. Fue quizás el último intento que hizo por sobrevivir porque, a medida que pasaba el tiempo, el miedo y la incertidumbre la convencieron de que había llegado su hora. Estaba resignada a morir.

"Me parecía muy lenta la muerte, yo estaba dispuesta a morir, él decía aguanta, yo le decía quédate tú para que cuentes esto, yo no puedo".

Luego de tres horas de esperar la muerte, la vida apareció remando. El mismo campesino que había rescatado a Osiris llegaba por ella. Omara recuerda que a bordo de la embarcación que llegó al lugar del siniestro iban dos "guajiros" (campesinos), no uno como lo señala Osiris. Al acercase a los sobrevivientes, uno de los pescadores les dijo que regresarían pronto después de llevar al hombre a la playa pues estaba en peores condiciones. La espera fue eterna pero el bote regresó y llevó a Omara y a Luis hasta la orilla donde Osiris esperaba tendido. Los pescadores decidieron llevar al ingeniero hacia la casa de uno de ellos, uno sosteniendo el tronco y otro las piernas. Omara y su primo los seguían descalzos clavándose en los pies espinas de todos los tamaños. Al llegar a una casa, Omara entendió la razón por la que uno de los pescadores jóvenes tenía la camisa rasgada. La madre se la había roto en un esfuerzo por impedir que el joven saliera de su casa en la madrugada a buscar sobrevivientes. "Mamá ¿tú ves?, tu no querías que fuéramos", le dijo el pescador a su madre al regresar con los sobrevivientes y ella respondió, según Omara: "no quería que fueran porque nosotros pensábamos que era un ataque de Batista y por eso tenía miedo".

La mamá del pescador le dio una camisa a Omara mientras esperaban la llegada de los militares. Un capataz de la United Fruit Company había llamado al gerente de la empresa para darle la noticia de los sobrevivientes. Los militares llegaron a recogerlos. La operación se realizó rápidamente no solo por el interés del gobierno de reunir más detalles del accidente, sino porque Osiris era familiar de Rodríguez Ochoa, el comandante enviado desde La Habana para coordinar el rescate.

"Un primo mío que yo no lo conocía, cogió, cuando se enteró de mi apellido Fornari, él era el coronel de la zona aquella peleando contra Raúl Castro, me puso un grupo de soldados y me llevaron al hospital de Preston a cerrarme las heridas".

Rodríguez Ochoa puso a cargo de la operación al coronel Jesús Sosa Blanco, un hombre tosco y violento que llegó dando gritos a la casa donde esperaban los sobrevivientes. Los alaridos aterrorizaron a Luis, el primo de Omara, quien se escondió detrás de un armario de donde tuvieron que sacarlo casi a la fuerza.

A Osiris lo pusieron en el platón trasero de una camioneta custodiado por dos guardias y Omara y su primo se acomodaron en la cabina delantera. En el trayecto, Omara conversó con el chofer. "Era un hombre de bigote, en el camino me dijo que su señora iba a tener un niño, ojalá que tú fueras la madrina, me dijo. Estaba uniformado y no sabía para dónde íbamos… me dijo yo quisiera llevarlos a ustedes para mi casa". A esa hora los curiosos de Preston ya habían rodeado el hospital del central a la espera de los sobrevivientes.

"Cuando llegamos el pueblo estaba agitado, gente afuera del hospital esperando, nos metieron en el hospital. Desde que llegamos empezaron a interrogarnos. El primero que llegó fue el almirante o comandante de la fragata Antonio Maceo. Él preguntaba qué teníamos que ver nosotros, quién venía en el avión, de quienes éramos familiares. Yo no respondía cuando no me convenía. Imagínate batistianos por una lado y Fidel por el otro, me mataban, yo con un hermano en la sierra. A mi primo se lo llevaron, y le dije mira a ver lo que tú dices. Después de que dije 'ay, estoy en paz', apareció otro".

La llegada de los pescadores al lugar del impacto del avión fue providencial. Aunque en la memoria traumatizada de Omara y Osiris la espera fue interminable, los campesinos no tardaron más de dos horas en arribar al sitio y rescatarlos. El cálculo resulta de tomar como ciertas la informaciones de la hora del impacto, 9:14, fijada a partir de la poco científica hipótesis de que fue el momento en que se detuvo el reloj del piloto, y de un reporte del accidente elaborado por Laffie, el administrador del central, que indica que pasadas las 11 de la noche un sargento del puesto local del ejército le informó que una muchacha, un niño y un hombre habían sido rescatados y estaban a salvo en la casa de Manuel Miguelis, un capataz del central en la población de Guanina muy cerca a Preston.

"Inmediatamente alerté al hospital para que se preparara para recibir sobrevivientes, reuní al equipo de nuestra embarcación Saetia, obtuve varios reflectores de baterías, y dispuse de guardias de la compañía y del ejército armados lo mismo que de doctores y enfermeras a bordo del Saetia, y los envié al lugar de los escombros", explicó Laffie en su declaración a la Embajada.

La nerviosa ambigüedad

El embajador de Estados Unidos en La Habana, Earl T. E. Smith envió al Departamento de Estado el primer reporte del avión el dos de noviembre de 1958 a las 4:41 de la tarde notificando que el ministro de Estado de Cuba, Gonzalo Gell, ya había sido informado de que un avión de Cubana, con estadounidenses a bordo, estaba perdido, "probablemente robado".[32]

"Vuelo Cubana salió de Miami a las 2158Z noviembre 1 hacia Varadero. Avión localizado esta mañana en Punto Nicarro (sic), al norte de Preston, en Oriente. Siete americanos a bordo. Cubana ha despachado un DC-3 presumiblemente para recoger pasajeros y aeronave", continuaba la información. Esa misma tarde Smith entregó un lacónico comunicado a la opinión pública local e internacional en el que omitió la probabilidad del "robo" del avión:

"La Embajada americana se ha enterado de que el vuelo de Cubana de Aviación 495 de Miami a Varadero se estrelló en aguas poco profundas cerca a Preston tarde en la noche de ayer. Se reporta que siete estadounidenses iban a bordo. Se reportaron tres sobrevivientes de los dieciséis pasajeros y la tripulación

---

32 Telegrama 441 de la Embajada de Estados Unidos en La Habana a la Secretaría de Estado, noviembre 2 de 1958.

de cuatro". Agregó que debido a los problemas de comunicación con esta zona de la isla, y a fin de tener detalles de primera mano, el embajador enviaría a un funcionario al lugar de los hechos a primera hora.

Cuando Smith escribió su primer telegrama a Washington sobre el avión, llevaba unos quince meses de embajador en la isla, tiempo suficiente para enterarse de cómo la figura de Fidel Castro y su movimiento revolucionario había conquistado a muchos funcionarios del gobierno estadounidense. Sabía que varios empleados claves del Departamento de Estado y de la propia Embajada en Cuba actuaban como admiradores vergonzantes del movimiento guerrillero. Smith, que conocía las reglas del boxeo de golpear y retirarse, pues había sido campeón de ese deporte en la universidad, se tragó con prudencia su inconformidad durante el tiempo en que desempeñó su cargo diplomático, pero al renunciar golpeó con fuerza revelando públicamente cómo esa nerviosa ambigüedad de la política de Estados Unidos hacia Cuba terminó facilitando lo que después muchos lamentarían: el triunfo de un movimiento que arrastraba un caballo de Troya furiosamente antiamericano y comunista.

Smith había llegado a La Habana el 12 de julio de 1957 a bordo del buque Grand Haven que zarpó de Palm Beach, Florida, la vanidosa ciudad de los millonarios de Estados Unidos donde era miembro activo del jet set. Hijo de una prominente familia de Nueva York, el elegante y apuesto joven se graduó en finanzas en la Universidad de Yale en 1926. La revista de la vida académica de la universidad destacó sus logros como campeón de boxeo y sus destrezas como jugador de polo. También era bueno para el golf y celebró toda su vida un "hoyo en uno" en un juego amistoso en 1939 con el campeón profesional Sam Snead. Se enlistó con el ejército en la Segunda Guerra Mundial y llegó al cargo de teniente coronel. Pero lo suyo eran las finanzas. Después de los estudios y la guerra, fue nombrado miembro del New York Stock Exchange, institución bursátil a la que perteneció durante sesenta años.[33]

La agitada vida social de Palm Beach lo llevó a relacionarse con otra familia prominente de la ciudad: los Kennedy, lo que explica que Jacqueline, la esposa del entonces senador demócrata y futuro presidente de Estados Unidos John F. Kennedy, haya sido la única asistente no familiar a su ceremonia de juramentación en Washington como embajador plenipotenciario. Jacqueline era buena amiga de la esposa de Smith, Florence Pritchett, y esta, a su vez, mantenía una relación tan próxima y coqueta con JFK que en los corrillos del jet set de Palm Beach, los daban por amantes.

La esposa del embajador tenía tal confianza con JFK, que días antes de cumplir veintisiete años, logró acceso a la agenda de citas del senador y en la página de la fecha del cumpleaños de ella escribió: "Enviar diamantes".[34]

Florence, una *socialité* de pelo castaño y ojos verdes que no se perdía un solo rumor de los más ricos y famosos, tenía veinte años menos que el embajador.

"A Kennedy lo cautivaba la efervescente personalidad de Flor y su inagotable suministro de chismes", escribió Sally Bedell Smith en su libro *Grace and Power: The Private World of the Kennedy White House*.[35] Florence había estudiado muy de

33 Esta información se basa en el libro de Smith (1962), *The Fourth Floor: An Account of the Castro Communist Revolution* (Nueva York: Random House); el libro de Sally Bedell (2004) *Grace and Power: The Private World of the Kennedy White House* (Nueva York: Random House) y el obituario de Smith publicado por *The New York Times* ("Earl Smith, 87, ambassador to Cuba in the 1950's", *The New York Times*, 17 de febrero de 1991.

34 *Grace and Power*, p. 69.

35 Op. cit,, p. 69

cerca la naturaleza sensual de los hombres, y sus opiniones llegaban a lo más profundo del alma promiscua de JFK.

"El hombre es una criatura polígama por naturaleza, un sensualista y aventurero […] que sueña con una vida en la que una mujer le dedique tiempo para estimular sus sentidos", escribió la autora.[36]

Otros chismosos de la época cuentan que una vez Kennedy se escapó del Servicio Secreto para verse con ella en su casa de Palm Beach. Cuando los agentes llegaron, encontraron al presidente bañándose con Florence en la piscina.

Acompañado por su atractiva esposa, un hijo, la nana del niño y un perro, el nuevo embajador republicano llegó a La Habana a ocupar el cargo diplomático más difícil del Hemisferio Occidental. Estados Unidos era entonces el gendarme indiscutible de la guerra contra el comunismo. En ciertas oficinas del Departamento de Estado, sin embargo, el maniático olfato anticomunista que desarrolló el gobierno del presidente Eisenhower extrañamente se desvanecía ante la saga revolucionaria de Fidel y los jóvenes de la sierra. Algunos funcionarios, especialmente del cuarto piso del Departamento de Estado, donde se manejaban las relaciones con América Latina y el Caribe, simpatizaban con Castro quizás genuinamente convencidos de que era un líder popular no comunista que restablecería la democracia en Cuba. O tal vez porque creyeron a pie juntillas la lisonjera semblanza del periodista de *The New York Times*, Herbert Matthews, que describió al líder rebelde como una reencarnación simbiótica de Abraham Lincoln y Robin Hood.[37]

---

36 Op. cit., p. 69.
37 Herbert L. Matthews escribió tres artículos de Fidel Castro que fueron fuertemente criticados por su falta de objetividad.

Fue justamente Matthews la persona designada por el Departamento de Estado para poner al día al embajador en el tema de Cuba. La decisión de escoger a un periodista que no ocultaba su admiración por el líder revolucionario molestó a Smith. "Nunca, en la historia de Estados Unidos, un embajador había recibido la inducción (*debrieffings*) por parte de un corresponsal de un periódico [...] Matthews era un fuerte simpatizante de Fidel Castro", comentó Smith.[38]

Durante las dos horas y media de inducción, el periodista expuso su panegírico de Fidel Castro. Según Smith, la decisión de que fuese Matthews y no un analista más independiente, salió de la oficina del director de la División del Caribe y México del Departamento de Estado, el enigmático William Wieland, de quien me ocuparé en un próximo capítulo. Wieland explicó tres años después a un panel del Congreso de Estados Unidos que el encuentro del embajador con el periodista no fue impuesto por él sino acordado entre ellos y que él solo se limitó a autorizarlo cuando Smith se lo consultó. El curso de inducción fue autorizado por el jefe de Wieland, el subsecretario para Asuntos Latinoamericanos, Roy Rubottom. Ambos funcionarios fueron señalados en 1960 por Smith como los hombres que soñaban con que Castro llegara al poder.

Años después Smith declaró ante el Congreso de Estados Unidos que los artículos de Matthews sirvieron para "inflar a Castro a escala mundial". Hasta entonces, agregó, "Castro había sido un bandido más de las montañas de Oriente de Cuba, con un puñado de seguidores que habían aterrorizado a los campesinos".[39]

---

38 Entrevista con Stanley Monteith en Radio Liberty.

39 Audiencias sobre la amenaza comunista a Estados Unidos en el Caribe ante

Esta incómoda antesala del nombramiento de Smith no fue un buen comienzo para un financista de Wall Street que llegaba a La Habana con la idea de no dejarse querer de Batista y menos de los Castro. Smith no era un funcionario diplomático de carrera sino un político recomendado por el presidente. En su primera reunión con los principales funcionarios de la Embajada les advirtió que "el embajador no puede ganar, para ser exactos, el embajador americano debe ser estrictamente imparcial en los asuntos internos del país al que ha sido asignado". Viniendo del máximo representante del país más entrometido del mundo el compromiso del embajador podría sonar hipócrita, pero en la práctica Smith logró recaudar ejemplos para la historia que muestran que trató de cumplirlo: durante un año y seis meses que estuvo como embajador, fue despreciado unas veces por Batista y sus hombres, y otras, tal vez con más frecuencia e intensidad, por los hermanos Castro. Al final, según su recuento, los Castro ganaron con la ayuda de Estados Unidos.

Como prueba del odio que profesaban contra el diplomático, algunos de los batistianos quedó la virulenta columna del líder paramilitar Rolando Masferrer en la que se refiere a Smith como "un bobalicón de siete pies que nos mandaron de la Florida".[40]

la subcomisión de investigación de la Ley de Seguridad Interna y otras leyes de seguridad interna de la Comisión Judicial del Senado, realizadas del 27 al 30 de agosto de 1960 (Communist threat to the United States through the Caribbean hearings before the subcommittee to investigate the administration of the Internal Security Act and other internal security laws).

40 "Smith, go home", Rolando Masferrer, diario *El Tiempo en Cuba*, 2 de agosto de 1957. Columna anexada al telegrama 117 de la Embajada de Estados Unidos en La Habana al Departamento de Estado el 8 de agosto de 1957. El telegrama también ataca a Ramón Vasconcelos, a quien identifica como el funcionario responsable de la censura en el gobierno de Batista.

"Evidentemente Smith se ha cogido las nalgas con una puerta. Llegó tarde a La Habana, veinte años muy tarde. Los cubanos, no sin poco esfuerzo, nos quitamos la coyunda ominosa de la Enmienda Platt que autorizaba a los *marines* a meterse en estos países subalternos de indios y de negros", escribió Masferrer en su columna "Smith go Home" publicada en *El Tiempo en Cuba*. Masferrer estaba furioso porque el embajador había condenado la reacción brutal de la policía batistiana contra unas mujeres que denunciaban la dictadura de Batista en las calles de Santiago de Cuba.

Estos y otros ataques a Smith fueron motivo de un telegrama al Departamento de Estado en el que la Embajada califica a Masferrer como"uno de los más corruptos e inescrupulosos hombres de Cuba"[41] y no duda de que la columna contra Smith haya sido publicada con la aprobación de los censores de prensa de Batista que por esa época recorrían las salas de redacción de todos los periódicos de la isla con las tijeras bien afiladas. Cuando el congresista James Eastland le preguntó a Smith en el debate del Congreso de agosto de 1960 si creía que el Departamento de Estado fue el principal responsable de poner a Castro en el poder, el embajador respondió:

"No señor, no puedo decir que el Departamento de Estado por sí solo es el principal responsable. El Departamento de Estado jugó un extenso papel para llevar a Castro al poder. La prensa, otras dependencias del gobierno, miembros del Congreso, son los responsables".[42] En otra respuesta agregó que funcionarios de la CIA también contribuyeron a ese ambiente.

---

41 Telegrama 117.

42 Audiencias sobre la amenaza comunista a Estados Unidos en el Caribe ante la subcomisión de investigación de la Ley de Seguridad Interna y otras leyes de seguridad realizadas del 27 al30 de agosto de 1960.

Smith cuenta que los jefes en el cuarto piso del Departamento de Estado tomaron partido por Fidel desde un comienzo, ocultando información que lo involucraba con el comunismo en América Latina. En su caso particular se quejó de que en el *dossier* de los antecedentes de Castro que recibió como parte de su preparación para el cargo, jamás se citó la participación del líder revolucionario en El Bogotazo, la revuelta popular que se desató en Colombia en abril de 1948 tras el asesinato del caudillo Jorge Eliécer Gaitán. Según Smith, "en el levantamiento de Bogotá, Fidel Castro jugó su primer papel serio como organizador de una insurrección comunista",[43] y nadie le habló de ese episodio en la cancillería.

Hay que recordar que a medida que brotaban los signos comunistas de la revolución cubana, fueron muchos los funcionarios estadounidenses que asumieron una actitud de rechazo radical para despejar cualquier sugerencia de descuido ante el cómodo avance del socialismo en una isla tan peligrosamente cercana. La retórica anticomunista se puso de moda y el embajador Smith no escapó al contagio.

A una meticulosa pregunta de un congresista de si consideraba a Castro una "herramienta comunista" o si el líder revolucionario, en su interior, ya era un comunista convencido, Smith respondió:

"Castro era un revolucionario y terrorista. En el tiempo que era estudiante universitario, era un tira tiros. Yo fui informado por un diplomático que él había matado a una monja y dos sacerdotes en Bogotá durante el levantamiento de 1948".[44]

La versión de esas muertes nunca fue documentada, pero la historia se encargaría de poner en sus verdaderas dimensiones el

---

43 *The Fourth Floor*. Cap. XXI, p. 42.

44 Audiencias del Congreso.

papel de Castro en Bogotá, que no pasó de ser el de un estudiante caribeño desubicado que fracasó en su intento cursi de organizar una muchedumbre frenética más interesada en saquear los negocios de una ciudad en llamas que en conformar cuadrillas contra los uniformados del gobierno conservador.[45]

De todos modos era de esperarse que en los pasillos de los edificios de un gobierno como el de Estados Unido, obstinado con la guerra contra el comunismo, los antecedentes de las escaramuzas conspirativas de Castro en Bogotá debían ser un capítulo subrayado en la carpeta que recibió el embajador antes de viajar a Cuba. Pero no fue así. Sospechosa omisión si se tiene en cuenta además que Rubottom estaba en Bogotá cuando estalló la revuelta popular y lo más seguro es que tenía información de primera mano. Ocupaba los cargos de secretario y cónsul de la Embajada de Estados Unidos y fue además secretario de la delegación de su país para la Novena Conferencia de la Organización de Estados Americanos (OEA) que se celebraba entonces en la capital colombiana.

Rubottom reveló públicamente su admiración por Fidel de un modo tan espontáneo y emotivo que su comentario fue utilizado por la revista *Bohemia* para titular una de las más completas crónicas de la histórica visita de Castro a Nueva York a mediados de abril de 1959.

"¡A mí también me convenció Fidel Castro!", decía el titular atribuido a Rubottom. El encabezado agregaba: "Oyéndole, Norteamérica creyó en la honestidad de sus intenciones. Más que amigos deja fanáticos de su causa".[46]

---

45 El propio Castro lo reconocería después: "Yo era por aquella época una mezcla de individuo quijotesco, romántico, soñador, con bastante poca cultura política, un gran deseo de saber y una gran sed de acción" ("Fidel Castro recuerda el 9 de abril y su encuentro con Gaitán", *Lecturas Dominicales* de *El Tiempo*, Bogotá, 14 de noviembre de 1976.

46 "A mí también me convenció Fidel Castro", Carlos Castañeda y José A. Cabrera, revista *Bohemia*, abril de 1959.

Los periodistas Carlos Castañeda y José A. Cabrera, autores de la extensa crónica, escribieron que Rubottom y Wiley Buchanan, encargado del protocolo, "quedaron boquiabiertos" al ser testigos de una de las travesuras que Castro le hizo a los escoltas norteamericanos. Fue en esa visita que el gobernante, que llevaba no más de cuatro meses en el poder, soltó el comentario que miles de estadounidenses querían escuchar: "Voy para La Habana a combatir el comunismo impulsando los planes de fomento de riqueza", dijo Fidel sin ruborizarse. Al parecer no solo los americanos le creyeron. La falsa promesa parece haber convencido hasta al propio Castañeda, que años después sería víctima de la persecución de Castro: "No dejó dudas sino esclarecimientos", escribió el prestigioso periodista. "Aquietó temores y desvaneció suspicacias. En una palabra: resplandeció plenamente su verdad [...] Puede decirse: más que amigos dejó conversos fanatizados".

A los pocos días de llegar a la Embajada, Smith comenzó a respirar el ambiente de devoción por la revolución que derrocaría a Batista. El representante de la CIA, a quien parecía disgustarle que Smith se refiriera a Castro como "bandido", se le salió involuntariamente, "como un hipo", escribió el embajador, un comentario que terminó de convencer a Smith de que pocos se habían salvado del encanto revolucionario. El embajador le había pedido al personal de la CIA que revisara las estadísticas de los afiliados al Partido Comunista de Cuba ya que él tenía la impresión de que estaban desactualizadas y eran inferiores a las reales. Al terminar su instrucción para que las cifras fueran actualizadas, Smith escuchó que el funcionario de la CIA comentó entre dientes: "A nosotros no nos importa lo que usted piensa".

Presionado en el debate del Congreso a dar nombres de los funcionarios que simpatizaban con Castro en la Embajada, Smith mencionó al jefe de la Sección Política, John Topping, y al jefe de la CIA, cuyo nombre omitió. Para sustentar su denuncia, dijo que el número dos de la CIA había ofrecido "alicientes indebidos" a los revolucionarios.

Las posturas de Fidel en los meses siguientes al arribo del embajador y antes de que triunfara la revolución, llevaron a Smith a concluir que "cada vez es más claro y más claro para aquellos con una mente abierta que Cuba está imbuida en una lucha entre un dictador corrupto de derecha que era amigo de Estados Unidos, y un dictador proclive a la izquierda, que podría ser un comunista".

COMPLICIDAD

Al atardecer del primero de noviembre, el profesor Edgar Nesman escuchó el ruido muy cercano de los motores de un avión. Le causó extrañeza porque, de ordinario, a esa hora no había actividad en el pequeño aeropuerto del central, fuertemente custodiado por el ejército batistiano. Luego de salir de la escuela a campo abierto, seguido por una romería de profesores e internos igual de intrigados, vio pasar el turbohélice de Cubana de Aviación en emergencia. De inmediato pensó que los rebeldes podrían estar implicados en la situación. No era simple paranoia. En esos días resultaba difícil que algo ocurriera en Cuba al margen de la guerra. De hecho, semanas antes un DC-3 secuestrado dentro de Cuba aterrizó en una pista de la Sierra Maestra bajo el control del Segundo Frente.

"Se vivía un ambiente muy tenso. En la noche estábamos en tierra rebelde y por el día en tierra de Batista", me comentó Nesman.[47] "Por el instituto pasaban tanto soldados batistianos pidiendo favores como guerrilleros en misión secreta tratando de sacar información".

---

47 Entrevista con el autor el 23 de enero de 2011. Nesman me envió un capítulo en inglés de un manuscrito sin título sobre sus vivencias en Cuba que también usé para este relato. El capítulo se titula "Living through the revolution".

Nesman, nacido en Estados Unidos, era entonces director de la Escuela Agrícola e Industrial de Preston, un plantel de la Iglesia Metodista situado a nueve kilómetros del central. La guerra no le era ajena al ingeniero agrónomo graduado en Michigan State University. Había sido operador de radio de la Marina Mercante de los Estados Unidos en la Segunda Guerra Mundial. Llegó a Cuba en el año 50 en misión de laico de su iglesia con la idea de que el mundo no debería repetir la calamidad de la guerra. La solución estaba en la educación y la tolerancia. Cuando ocurrió la catástrofe del avión de Cubana tenía treinta y cuatro años y guardaba en secreto el temor de que el país que había escogido para vivir iba en contravía de sus sueños: Cuba estaba en medio de una escalada de violencia.

"Surgían constantes recordatorios de la batalla que estaba en curso: ataques frecuentes de posiciones del ejército; carreteras y puentes destruidos; personas secuestradas que llevaban a las montañas; el aumento de las fuerzas rebeldes con gente que se les unía; cobertura internacional de los campamentos rebeldes de reporteros de *The New York Times* y otras agencias internacionales de noticias; pueblos destruidos por el ejército donde se pensaba que había rebeldes; gente apresada o asesinada por el ejército por simpatizar con los rebeldes, y constante miedo en todos los lados", escribió Nesman en un fragmento cedido al autor de memorias inéditas de su vida en Cuba.

Situada a orillas de la bahía, la escuela tenía a su cargo unos cincuenta estudiantes internos que recibían instrucciones prácticas y teóricas de tecnología agrícola e industrial. Convencidos de que por un lado el gobierno de Batista infiltraba a informantes y por el otro los guerrilleros querían saber de parte de quién estaba el plantel educativo, el personal del instituto sospechaba de todo aquel que tocara a la puerta. Recuerda Nesman que fue objeto de esas suspicacias un hombre negro y de piernas largas, que un día se presentó ante el pastor Robinson, y con un lejano acento extranjero le pidió que lo ayudara a conseguir una campana para una capilla evangélica de un caserío de las colinas de Alto Songo, situado a dos días a pie del centro educativo. La imagen de un hombre taciturno que se presenta en medio de una guerra civil a buscar una campana para una iglesia, parecía escapada de una película de Buñuel. "Era una extraña petición hecha en un extraño y difícil momento", comentó Nesman. El hombre posiblemente era de origen jamaiquino, como muchos de los cortadores de caña del central.

Ante la insistencia del visitante, a quien los misioneros le dieron albergue durante una semana, los pastores lograron conseguir una campana de una vieja locomotora de vapor en un taller de Camagüey. La llevaron en un camión a la remota población, donde los habitantes celebraron felices con el primer tañer. Días después llegó al instituto la información, muy ambigua por cierto, de que el extraño visitante que se presentó como pastor podría haber estado en prisión por homicidio y que había sido liberado para servir de informante del ejército.

Los primeros sobrevuelos del avión fueron de recuperación de los intentos de aterrizaje en la pista del central al otro lado de la bahía, pero los últimos parecían esfuerzos desesperados del piloto por ubicar un campo abierto cuando ya solo quedaba un tenue resplandor del día. Nesman dice que durante esta segunda fase del drama, cuando el avión volaba a muy baja altura sobre la zona del instituto, el ruido de los motores hacía mucho más angustiosa la situación. Hoy, más de medio siglo después, cuando el profesor pensionado en Estados Unidos escucha el sonido de un avión de hélice, lo asaltan de inmediato las imágenes de pesadilla de aquel anochecer.

"Solo podíamos imaginarnos el drama en el avión durante todo el tiempo en que estuvo dando vueltas".

El soldado Manuel Vila estaba entonces de guardia en una garita militar del puerto de Antilla, al otro lado de la bahía. Muy atento y tensionado esperaba entregar su turno en un par de horas. La situación no estaba para distraerse, y menos para siestas de atardecer. Los reportes del cuartel estaban repletos de incursiones guerrilleras y de soldados heridos. Su superior, el mayor Miguel Pino, se recuperaba de un tiro rebelde en el hospital de Antilla. Al escuchar a esa hora y en esas circunstancias el bramido de un avión que se acercaba a baja altura, Manuel solo pudo pensar que comenzaría un bombardeo. El aparato venía perdiendo altura, con la nariz inclinada al máximo. "Entonces pasó como un meteorito, un ruido ensordecedor, yo puse el dedo en el gatillo del fusil que había cargado pero al ver que el aparato pasó de largo, sin soltar bombas ni disparos, pensé que aterrizaría en cuestión de minutos en el aeropuerto de Preston", recuerda el ex militar que entonces tenía dieciocho años.[48]

"El avión daba vueltas y vueltas sobre la bahía, cerca del central Preston, eran como las ocho y pico". El cabo salió con sus compañeros hacia el emplazamiento de las ametralladoras, temiendo todavía un ataque aéreo.

"El avión apagaba y prendía las luces", recuerda.

En su condición de cabo, el último eslabón de la cadena de mando y novedades del ejército, Vila solo tenía derecho a especular sobre lo que estaba ocurriendo, mientras que en los comandos del ejército y la policía ya se sabía que el avión había sido secuestrado por guerrilleros del 26 de Julio. Lo había reportado por radio el escuadrón militar de Mayarí.

---

48 Entrevista con el autor el 18 de abril de 2009.

A alguien en el nutrido grupo de profesores y alumnos del instituto agrícola de Preston se le ocurrió improvisar una pista para el avión en emergencia, señalizándola con linternas y mechones en cualquier área firme de las 120 hectáreas relativamente planas que rodeaban la escuela. Pero la realidad, medida por uno de los profesores al ojo, hizo pronto trizas la idea. Los potreros eran muy pequeños y casi todos estaban sembrados.

"Entonces notamos que había llegado la oscuridad, vimos la luces de Antilla, y cuando vimos el perfil del avión contra las luces de Antilla, iba demasiado bajo, sentimos el ¡pum-pum! Sabíamos que había caído", recuerda Nesman. Al rato el teléfono del instituto empezó a sonar con llamadas de ambos bandos. Tanto el ejército batistiano como los rebeldes castristas querían detalles de lo que había ocurrido.

La mayoría de los profesores y alumnos simpatizaban con la revolución y algunos de ellos eran amigos personales de los alzados. Días antes del accidente, Nesman convenció a uno de los rebeldes, conocido como Comandante Matador, de que le hablara a los estudiantes de la necesidad de continuar los cursos y prepararse para la construcción de "una nueva Cuba", en lugar de irse a la sierra a combatir. El fenómeno, extendido por todo el país, estaba dejando las aulas vacías. Según Nesman, la escuela siempre trató de mantenerse en un terreno neutral. Semanas después de la caída del avión, cuando el conflicto recrudeció, sus instalaciones albergaron familias desplazadas de los pueblos que se tomaron los guerrilleros y luego fue usada a la fuerza por los rebeldes que ya se habían apropiado de automóviles y máquinas de escribir del instituto.

Alumnos y profesores se fueron a dormir con el sentimiento de impotencia de que varios sobrevivientes podrían estar en ese momento implorando por una mano salvadora en medio del intimidante tapiz negro y misterioso en que se convertía la bahía al anochecer. Nesman nunca podrá olvidar que cuando trataba de conciliar el sueño, escuchó murmullos del lado de la bahía de un hombre que decía "Oye, oye". Se asomó pero no vio a nadie y prefirió no indagar.

En la mañana varios de los guerrilleros vestidos de verde oliva bajaron de la sierra y llamaron a la puerta del instituto. Allí comentaron con profesores y alumnos los primeros indicios que probaban que los rebeldes en tierra sabían de la operación y tenían órdenes de coordinar el aterrizaje del vuelo de Cubana de Aviación.

Las versiones de los rebeldes quedaron registradas para la historia gracias a que el profesor metodista habló con los dos vicecónsules de Estados Unidos que visitaron la zona horas después de la tragedia. Ese testimonio viajaría en forma de cable confidencial a La Habana, y horas después a Washington. De acuerdo con el cable, fechado el 5 de noviembre en Preston, y firmado por Hugh Kessler, vicecónsul de bienestar enviado al lugar, los guerrilleros le contaron al personal del instituto que "el avión les había enviado una señal de reconocimiento a la que respondieron desde las montañas afirmando que tenían una pista preparada. Ellos dijeron que habían hecho una fogata. Dijeron que la pista estaba cerca a la población de Juan Vicente, [a unos once kilómetros de Preston por vía aérea]. El señor Nesman dijo que escuchó botes que se dirigían al lugar del impacto alrededor de las 3 a. m.", agrega el cable enviado al cónsul general James E. Brown.[49]

---

49 Memo de Hugh Kesler para James A. Brown Jr., 5 de noviembre de 1958, firmado en Preston. Este es quizás uno de los reportes más comprometedores para la dirigencia del Movimiento 26 de Julio que desde un primer momento quiso desligarse del secuestro y la tragedia.

En compañía de alumnos y profesores, y cargados de herramientas de los talleres de la escuela, Nesman llegó al sitio donde el avión hizo impacto para ofrecer ayuda en las labores de rescate y luego reunirse con los delegados de la Embajada estadounidense. Las imágenes de la escena del siniestro se le borraron de su memoria, dice, quizás por un mecanismo de defensa. Solo recuerda haber pasado muy cerca de la imponente cola del avión en una canoa sin motor movida solamente por el golpe exiguo de la brisa contra una rama que el dueño improvisó a manera de vela. La guerrilla había decretado un paro de transporte terrestre y ferroviario.

"Pasar por ahí, frentea la cola del avión fue un trauma, me puso a pensar en toda esta tragedia que fue como el colmo de una serie de acontecimientos y saber que todavía faltaba más, fue algo que marcó el principio de la decepción con la revolución. A mí me pasó con la revolución lo que sienten muchos de los exiliados de Miami: el novio que llega al momento del matrimonio y no llega la novia, fue un trauma tremendo".

El testimonio de Nesman comprueba que en una etapa temprana de la investigación del accidente, el gobierno de Estados Unidos se enteró de que el secuestro del avión de Cubana estaba lejos de ser una misión no autorizada de jóvenes revolucionarios de Miami dispuestos a sorprender a sus héroes en la sierra con una ofrenda de armas, municiones y quizás dinero caída literalmente del cielo. Esta fue la primera vez que los funcionarios consulares se enteraron de que la operación, que hasta ahora parecía una aventura, "por la libre" como diría Fidel Castro, tenía respaldo en tierra. Pese a su importancia, fue un dato que nunca trascendió, quedó amordazado en un cable del consulado durante cinco décadas bajo el sello burocrático de "*Official Use Only*" (para uso oficial exclusivamente).

El cónsul investigador Wayne Smith no parece haberle dado mucha importancia. Cuando le pregunté si el secuestro del avión había sido autorizado por el Movimiento 26 de Julio, me respondió: "No lo sé".[50] Pese a que existen varios informes del accidente con su firma, Smith me dijo que había sido enviado a Oriente para llevar a La Habana a Osiris Martínez. "No tuve nada más que ver en eso", agregó y se excusó: "Disculpe por no ser de gran ayuda para usted". A juzgar por una entrevista posterior con el canal local de Miami de la cadena NBC en 2010, en la que fue más generoso en sus respuestas que en la conversación con el autor, el hoy profesor invitado de John Hopkins University se casó para el resto de su vida con la hipótesis de que el secuestro fue una misión inconsulta de un puñado de muchachos insensatos. Smith nunca usó la expresión terrorismo para referirse al secuestro de este vuelo de Cubana de Aviación, pero sí ha sido muy enérgico al denunciar como un acto terrorista la voladura de otro avión de Cubana, mucho más publicitado y condenado que el Vuelo 495.

Me refiero al terrible atentado del 6 de octubre de 1976 contra un avión de Cubana que se dirigía a La Habana desde Bridgetown, Barbados. La aeronave se precipitó al Océano Atlántico luego de que una bomba de nitroglicerina estalló en uno de los baños. Murieron 73 personas. Varios combatientes anticastristas fueron señalados como los autores, entre ellos Luis Posada Carriles y Orlando Bosch.

Cuando en 2007 Posada fue liberado en Miami en un caso de violación de la ley de inmigración, Smith comentó a *Los Ángeles Times:*

"La liberación de Posada muestra la vergüenza cínica de la posición de la administración Bush contra el terrorismo. Nos

---

50 Entrevista telefónica con el autor el 26 de agosto de 2008.

lleva a que un terrorista para unos, sea un combatiente de la libertad para otros".

EMERGENCIA Y DRAMA

Casi a medianoche, Charles Laffie, el gerente del central, organizó presurosamente una comitiva de emergencia compuesta por un médico, una enfermera, guardias de la empresa y del ejército y trabajadores de la compañía. Guiados por potentes linternas, los miembros de la brigada salieron hacia el lugar del accidente a bordo del yate Saetia de United Fruit Sugar Company. Al arribar al sitio se encontraron con una absoluta calma solo interrumpida por el sonido tenue de las olas contra la quilla de la embarcación estacionada.

"Los escombros fueron localizados y encontrados íntegramente debajo de la superficie del agua, y después de inspeccionar el área por una hora, no se encontraron sobrevivientes, así que el bote regresó a Preston", señaló Laffie a los vicecónsules que visitaron la zona.[51] A la mañana siguiente, el Saetia volvió al sitio con ejecutivos de la compañía y dos delegados de Cubana de Aviación, solo identificados como Pallí y Bustillo, para intentar de nuevo la recuperación de los cuerpos y de evidencias para la investigación.

---

51 La detallada narración de Charles Laffie fue tomada el 5 de noviembre de 1958 por los delegados de la Embajada de Estados Unidos.

Alrededor de las tres de la tarde del 5 de noviembre, un avión de la Marina de Estados Unidos aterrizó en el aeropuerto del central con un equipo de buzos al mando de James F. Goodwyne. Al día siguiente el equipo de rescate removió una de las secciones del avión, lo que aparentemente causó que saliera a flote el cuerpo de la niña Nancy Humberta González Méndez.

Según el croquis del gerente del central, pintado a mano en una hoja de libreta de notas tamaño oficio[52] [el dibujo puede verse en en el anexo de este libro], el avión se partió en cuatro partes. A 228 metros de la costa de manglares quedaron los escombros más grandes: la cabina de pasajeros, que se partió en dos partes iguales de 7.6 metros cada una y las dos alas que no se separaron más de dos metros de una de las secciones del fuselaje. Una porción de la cola quedó a la vista a 45 metros de la playa. En el dibujo de Laffie se ve la cabecera occidental de la pista del central a no más de 50 metros de las aguas de la bahía, lo que sugiere que el impacto se produjo segundos después del intento de aterrizaje.

Campesinos, curiosos y voluntarios rodearon el área. Camino al hospital, el doctor Murray vio la escena de la tragedia. "Yo fui al otro día por la mañana y vi los restos del avión. El avión se enterró y tenía la cola a la vista, y la puerta de atrás estaba abierta y ya había cantidad de gente nadando y usted sabe cómo son los chismes del fulanito que se zambulló y encontró un reloj de oro. Como yo era cirujano, me parece que me buscaron y no me encontraron, pero me dejaron una nota que tenía que irlos a ver a los sobrevivientes, y yo fui a verlos al hospital pero no había nadie grave".

---

52 Anexado por los delegados de la Embajada de Estados Unidos al despacho número 486 del 6 de noviembre de 1958 enviado por Kessler a James E. Brown desde Preston.

Algunos buzos intentaban ingresar al fuselaje que había salido a la superficie gracias a la marea baja. En medio de la confusión de la operación de rescate –en la que se cruzaban pescadores voluntarios, buzos, soldados y curiosos–, algunos profesores de la cercana Escuela Agrícola e Industrial de Preston reconocieron a líderes guerrilleros.

"Casi que nos reíamos al ver algunos de los recién afeitados que ahora los reconocíamos como los mismos que habíamos visto antes con barbas bien pobladas, pero que ahora se habían unido a nuestros profesores y vecinos para trabajar con el ejército en la espeluznante tarea"[53], recuerda Nesman, el director de la escuela.

Nadie logró ingresar a la cabina de mando. "Se intentó remolcar esta sección, pero aún con los motores del Saetia a toda marcha, no cedió ni un centímetro y el cable que lo halaba se rompió. Para remover los escombros se necesitaba un equipo que no estaba disponible", señaló Laffie, quien le recomendó a los delegados de Cubana de Aviación que pidieran ayuda a la Base de Guantánamo.

La embarcación del central regresó a puerto y, a partir de ese momento, el comandante del ejército de Cuba, Rodríguez Ochoa, quien había volado con los directivos de Cubana desde la capital, asumió la responsabilidad de la operación. Ese domingo se hizo un nuevo intento. Del muelle salieron el Saetia y otra embarcación más liviana sobre la cual se puso una plataforma de 10 toneladas de concreto para improvisar una grúa que levantaría los remanentes del avión. Los trabajadores del central llevaban sierras para cortar metal, barretones y palancas de hierro. Cuando los rescatistas lograron levantar levemente el fuselaje, algunos expertos pescadores a pulmón de la zona, se lanzaron al agua para tratar de

---

53 Tomado del manuscrito sin título de Edgar Nesman, director de la Escuela Agrícola e Industrial de Preston, sobre sus vivencias en Cuba.

ingresar en la cabina donde se sospechaba que estaban atrapados los cuerpos del capitán Medrano y del copiloto. René Sánchez, el mismo pescador de camarón que fue testigo, junto con su hermano, de la caída del avión la noche del sábado, recuerda que logró llegar y encontró a Medrano con la cabeza por fuera de la ventanilla del avión como si hubiera intentado salir. "El piloto estaba sentado, muerto, ahogado, el reloj lo traía, yo le quité el reloj y se lo di al sargento Fernández". Una extraña escena tuvo lugar en ese momento. Como Sánchez no pudo sacarle el anillo de compromiso al piloto, alguien le dio instrucciones de cortarle el dedo.

"Yo tenía una mocha (machete) corte el dedo ahí, me dicen, saco un anillo de oro échalo en la patana (embarcación)".

En un nuevo intento por sacar a la superficie el cuerpo del piloto, Sánchez usó un barretón con el que rompió el vidrio de la cabina.

"Estaba hinchado, era gordo, yo lo amarré con una soga y lo sacaba pa'rriba y ellos se lo llevaron. Estaban amarrados con cinturón. Yo los desataba".

Temprano en la mañana del tres de noviembre, la Embajada había despachado al lugar de los hechos a los vicecónsules Hugh Kesller y Wayne Smith que aterrizaron a bordo de un avión de la Fuerza Aérea de Estados Unidos en la pista del central Preston. A su encuentro salieron Laffie y el superintendente del hospital del central Antonio Ortiz. De entrada, en el terminal aéreo, los diplomáticos se toparon con las primeras imágenes desgarradoras de la tragedia: el ataúd de Laurelina Mena González y el pequeño cofre con los restos del hijo de dos años de Osiris, Michael Antonio. Los cadáveres, junto con los del piloto y el copiloto, serían trasladados a La Habana en un vuelo especial de Cubana de Aviación.

A las diez de la mañana, Smith y Kesller ingresaron a la habitación donde Martínez se recuperaba. Con 165 cuartos, sala de cirugía y obstetricia, el hospital de Preston era el más grande y completo de las centrales en toda la isla. Varios guardias militares custodiaban la entrada de las habitaciones tanto de Martínez como de Omara y su primo.

La mayor preocupación de Omara en ese momento era que los militares descubrieran las tendencias políticas de su familia. Por esos días, Felicita, su mamá, todavía lloraba la ausencia de Osiel, que un año y medio antes se había ido sin despedirse de La Cachurra, la casa-finca donde vivía la familia entre Cárdenas y Varadero. Al cabo de un tiempo que el muchacho se enteró de las angustias de su familia por saber lo que había ocurrido, le pidió con mucho pesar a su mamá que no lo siguieran buscando. "Estoy en otras cosas", dijo. "Mamá se volvió loca, qué tristeza tenía. Aquello fue horrible", recuerda Omara. La otra cosa era la revolución. Osiel se había unido a los rebeldes de la Sierra del Escambray.

Los representantes de la Embajada se presentaron en el hospital del central y pidieron ver a Omara y su primo mientras Osiris se recuperaba, pero las autoridades militares se lo impidieron, según Smith, argumentando que se trataba de ciudadanos que estaban "íntegramente bajo su jurisdicción".[54]

Smith y Kessler ingresaron finalmente a la habitación de Osiris. "Estaba en *shock*", anotó Smith, "pero hizo grandes esfuerzos para relatar lo que había ocurrido".[55] Por primera vez y de viva voz, el gobierno de Estados Unidos se enteró de que el avión de Cubana de Aviación había sido objeto de un acto

---

54 "Memorando para el embajador" preparado por Wayne Smith, fechado el 6 de noviembre de 1958.

55 "Testimonio del Sr. Martínez", fechado el 4 de noviembre de 1958 y tomado el mismo día por el vicecónsul Wayne S. Smith.

de terrorismo, aunque esa palabra no era de uso común entonces. Ningún reporte de la Embajada utilizó la expresión. La prensa y los expertos preferían hablar de sabotaje. El avión fue desviado por unos cinco secuestradores que habían tomado el control unos 15 o 20 minutos después del despegue, es decir, aún sobre los cayos de la Florida, le contó de entrada Martínez a los visitantes de la Embajada.

"Uno de ellos entró al compartimento del piloto mientras los otros se dispersaron a lo largo del pasillo y apuntaron a los pasajeros con armas. Entonces abrieron el compartimento del piso y sacaron varias ametralladoras, uniformes y brazaletes del 26 de Julio. Frente a todos los pasajeros se cambiaron a un uniforme verde olivo", escribió Kesller en su resumen de la visita. "El señor Martínez afirmó que la mayoría de los hombres actuaron en forma cortés, pero que el más joven del grupo era el más amenazador".

Desde un comienzo, Martínez habló de la existencia de una caja que los guerrilleros debían entregar en Mayarí Arriba, según ellos mismos se lo explicaron a los pasajeros. "A juzgar por su tamaño y forma, el señor Martínez cree que contenía dinero", afirmó el vicecónsul Kesller.

Con su torso vendado para aliviar las fracturas múltiples de las costillas y las heridas de la cabeza cubiertas de esparadrapo, Osiris explicó que escuchó conversaciones en el avión, sin precisar de quién, que indicaban que por lo menos dos de los secuestradores eran ciudadanos estadounidenses. Kesller tuvo una buena impresión de Osiris. En uno de sus reportes escribió que parecía una persona inteligente y educada. Hasta este punto, los sospechosos del secuestro, según el vicecónsul, debían ser: Edmundo Ponce de León, Erasmo Aponte (cuyo nombre real es Manuel Fernández Falcón), Raúl Rodríguez

Villegas y Pedro Valdez Orta. Dos de ellos podrían ser las "sombras oscuras saltando al agua desde los escombros del avión" que Martínez describió a los delegados de la Embajada.

Durante su paso por el hospital, los diplomáticos de Estados Unidos fueron abordados por el comandante Miguel Pino Águila, encargado del área militar, el coronel Cándido Curbelo, responsable de las operaciones militares contra los rebeldes y, el capitán Jesús Sosa Blanco.

Al terminar la conversación con Martínez, los funcionarios diplomáticos intentaron hablar con Omara y su primo, pero el sargento Rodolfo Fernández se los impidió. "Fernández no parecía entender quiénes éramos y nos consideraba como unos intrusos", comentó Smith.

Los diplomáticos consultaron con Fernández si el gobierno autorizaba la salida de Osiris esa misma tarde o al día siguiente, a lo que el sargento respondió que no sería posible porque estaba bajo custodia del ejército. Los norteamericanos salieron decepcionados del hospital hacia la casa del gerente Laffie, quien les relató cómo se vivió el drama desde el pueblo y los primeros intentos de llegar a la zona. Casi al toque de las doce del mediodía, en el hospital del central se vivió la escena más dramática de la jornada. Martínez debió identificar el cadáver de su esposa Betty June y de su hijo Carl. "Me llevaron al piso de abajo a identificar, nada más me enseñaron el pie de mi esposa, estaban desfigurados con los ojos botados para afuera, es una tragedia, yo la reconocí porque le había regalado una cadenita con el nombre de ella que llevaba en el tobillo", comentó Martínez al autor.

Un poco más tarde, los vicecónsules se presentaron en el cuartel militar que en esos momentos estaba al mando del sargento Rodríguez Ochoa, uno de los hombres de confianza de Batista enviado desde La Habana a coordinar la investigación junto con un dactiloscopista y un fotógrafo. El sargento les mostró a los americanos el cuerpo de Rodríguez Villegas, uno de los sospechosos de pertenecer al grupo de secuestradores. El rostro del joven había quedado aplastado, recuerda Smith. Se logró identificar porque en un botón de su uniforme todavía colgaba una marquilla con su nombre. Los militares también les mostraron a los diplomáticos investigadores la billetera del sospechoso con una tarjeta de residencia permanente en Estados Unidos (*Green Card*) y otra del seguro social.

Un obituario de Rodríguez, publicado en la revista *Bohemia* bajo el título "Reivindicación de un mártir", identificó al joven de veintidós años como el jefe de la operación. "Un muchacho idealista, patriota, que había emigrado desde su nativo Puerto Padre a Miami, ganándose allí el afecto de todos". Más adelante agrega que "su gesto heroico, aunque de resultado trágico, quedará como un jalón de gloria en la lucha por la dignidad de Cuba".[56]

Los delegados de la Embajada se despidieron para asistir en la tarde al funeral de la esposa de Osiris y su hijo Carl, que fueron sepultados en las tumbas temporales 4747 y 4748 del cementerio de Preston. Al final de la ceremonia, los diplomáticos regresaron de nuevo al cuartel donde los militares les dejaron ver otros objetos rescatados en la bahía: tres correas de munición, partes sueltas de fusiles y dos brazaletes rojo y negro del 26 de Julio. También recuperaron la tarjeta de residencia estadounidense de otro de los sospechosos, Pedro Valdés Orta, y del interior del avión sacaron tres correas con municiones. A juicio de Kessler, este último hallazgo le dio más credibilidad al testimonio de Martínez de que se trataba de cinco secuestradores.

---

56 "Reivindicación de un mártir", sin firma, *Bohemia*, 19 de abril de 1959.

Los militares cubanos le entregaron a Smith y Kessler una lista con los nombres de los cuatro ocupantes del avión que consideraban sospechosos del secuestro. La lista coincidía con la de Kesller, con la diferencia de que el diplomático tenía uno más, el misterioso Erasmo Aponte. Al final de la visita, el sargento entregó a los norteamericanos el anillo de boda de Betty June, una cartera de piel de cocodrilo y una cadena. Los vicecónsules recibieron las pertenencias y salieron del cuartel hacia el hospital. Su mayor preocupación en ese momento era sacar a Osiris cuanto antes de Preston. Temían que lo mataran para evitar que continuara hablando del secuestro del avión. Pero esa misión no sería fácil. El comandante Ochoa les informó que después de haber consultado con el mayor Miguel Pino, del distrito de Mayarí, se había decidido que el pasajero debía continuar bajo custodia de los militares hasta que una autoridad superior fuese contactada. Kessler le recordó enfadado a Ochoa que Osiris era un ciudadano estadounidense. Al oficial no le importó. Osiris, destruido emocionalmente por la pena y el remordimiento de haber perdido a sus tres niños y a su esposa, que no quería vivir en Cuba ni ser sepultada en su tierra, debió pasar una noche más en el hospital con guardia redoblada.

Hasta el 6 de noviembre, Kessler y Smith habían identificado a los siguientes pasajeros:

- Juana María Méndez, su cuerpo fue hallado el cinco de noviembre flotando en la bahía. Estaba embarazada.
- Nancy González Méndez, hija de Juana. Hallada a la 1 p. m. del seis de noviembre flotando cerca a los escombros del avión.
- Laurelina Mena, encontrada flotando en la bahía a las dos de la mañana del dos de noviembre.

- Omara González, levemente herida. El informe dice que tenía 19 años. Omara le dijo al autor que tenía 16.
- Joseph Emanuel Rodríguez (se hacía llamar José Manuel). El cable lo identifica como pariente de Omara y Luis, y afirma que su cuerpo fue hallado el cinco de noviembre "atacado ostensiblemente por tiburones". Estaba flotando cerca a la playa, lejos de los restos del avión.
- Emanuel Fernández Falcón (su nombre real es Manuel). El cable dice: cubano, no encontrado.
- Pedro Valdés Orta, quien en la lista de pasajeros se registró como Pedro Zals. Su cuerpo fue encontrado flotando en la bahía, parcialmente comido por los tiburones.
- Erasmo Aponte, naturalizado estadounidense, cuerpo no encontrado. Dirección de la casa: 2961 SW 23 St. Miami, Florida. A mano, en pluma fuente alguien escribió en el reporte: "Álvarez, 'El Gallego'", junto con otras palabras ininteligibles.
- Edmundo Ponce de León, hijo, "naturalizado estadounidense, cuerpo no hallado. En los escombros [del avión] se encontró una tarjeta suya con su nombre. Información obtenida de su padre, Ponce de León Sr. 1155 SW 25 St. Miami, indica que es reservista de la Fuerza Aérea de Estados Unidos y tiene un tatuaje de una rosa y un corazón en su hombro derecho".
- Osiris Rosendo Martínez, estadounidense naturalizado. Sobrevivió. Ligeramente lesionado, padre y esposo del siguiente grupo:
- Betty June Martínez, estadounidense nativa, cuerpo encontrado en el avión a la 11 a. m. del tres de noviembre. Enterrada a las 5 p. m. por petición de su esposo.
- Carlos Manuel Martínez, estadounidense nativo, cuerpo

hallado dentro del fuselaje a las 11 a. m. del tres de noviembre. Enterrado al lado de su madre por solicitud de su padre.

- Byron Rosendo Martínez, cuerpo encontrado en la tarde del cuatro de noviembre de 1958 flotando en la bahía, mitad comido por tiburones. Enterrado el cinco de noviembre al lado de su madre y de su hermano en el cementerio de Preston. Estadounidense nativo.

- Michael Antonio Martínez, estadounidense nativo. Cuerpo hallado flotando en la bahía el dos de noviembre de 1958. Llevado a La Habana para su entierro el tres de noviembre por solicitud de su padre.

- Piloto Ruskin Medrano, hallado el tres de noviembre.

- Copiloto José M. Combarro, hallado el tres de noviembre.

- Azafata, Ana Reyna Ravenet (su familia escribía el nombre Annie Reyna Ravenet), hallada el cuatro de noviembre.

- Auxiliar de vuelo, Orlando Jiménez, no encontrado.

En calzoncillos

Al ser expulsado del avión por el impacto, Edmundo Ponce de León llegó hasta el fondo de la bahía, pero cuando intentó salir a flote, una pierna se le enredó en la correa de un asiento. Pataleó desesperadamente hasta que logró zafarse, y con el aire que escasamente le quedaba en sus pulmones, salió a la superficie para encontrarse con el espectáculo de la aventura demencial de la que él siempre se declaró inocente: unos pasajeros gritando, otros agonizantes, una niña a punto de morir ahogada, escombros por doquier flotando sobre una mancha de combustible.

"Cuando chocó el avión fue de sorpresa, la gente no esperaba eso. Se sintió que iba a aterrizar, pero se volteó cuando las ráfagas de balas trazadoras confundieron al piloto, él le estaba huyendo a esas ráfagas... yo vi los disparos", le dijo al autor.

Ponce de León no tenía mayores heridas y estuvo todo el tiempo consciente, recuerda. En la superficie ayudó a soltar el cinturón de una mujer que luchaba por salir de las chatarras del avión y dijo que trató de rescatar a una niña, posiblemente Nancy Humberta González Méndez, la hija de Juana Méndez.

En medio de los escombros, se topó con Manuel "Manolito" Fernández Falcón, a quien identificó como uno de los secuestradores. Fernández tenía una pierna fracturada. Ambos se agarraron a una puerta flotante del avión, dijo, para tomar fuerzas antes de nadar hacia la orilla. Fernández Falcón sabía que la bahía era un refugio de tiburones

"Tengo pesadillas del avión cayéndose", relató. "Este hombre que le dije que tenía una pierna partida conoce la zona donde caímos, hay muchos tiburones, él dijo, vamos a nadar rápido que esto está lleno de tiburones, cuando me tiré estaba pensando en que un tiburón podía atacarme".

A pocos metros de allí, Osiris vio cómo ambos hombres se quitaron el camuflado y nadaron en calzoncillos hacia la costa. Al amanecer, Ponce de León y Fernández emprendieron una caminata en búsqueda de ayuda. Por su cuenta, un tercer sobreviviente también había alcanzado la orilla. Era el auxiliar de vuelo Orlando Jiménez.

A la mañana siguiente, en una de las lomas de Punta Cuaba, el lugar frente al que se estrelló el avión, varios niños que jugaban béisbol quedaron sorprendidos al ver que dos hombres en ropa interior se aproximaban a la cancha de juego. "Al mirar en la esquina salieron dos en calzoncillos que se taparon cuando nos vieron, pero uno se quedó escondido porque tenía una pierna rota, desbarataa", recuerda una mujer de la zona que entonces tenía unos doce años y estaba jugando en la loma.

"Recogimos bates y bolas y nos fuimos, yo era el dueño de los bates y las bolas y dije se acabó el juego", agregó otro de los testigos que entonces tenía unos catorce años.

Según otra versión que pasó de boca en boca hasta hoy, uno de los niños le contó la extraña aparición de los hombres en calzoncillos a su papá, Pedro Quiala, campesino que militaba en el ejército rebelde. Quiala esperó a que cayera la noche y se puso en contacto con los sobrevivientes en un refugio que estos improvisaron entre arbustos y manglares. Llevó a caballo a su casa al herido entablillado seguido por sus compañeros y les ofreció comida, agua y ropa.

"Uno de los revolucionarios lloraba porque decía que se le había ahogado una niña que había rescatado, se llamaba Manolito, él la traía del cuello, decía que la niña se le cayó llegando a la orilla", recuerda un testigo de la zona. Al día siguiente los hombres salieron de la casa de los Quiala hacia un campamento del Segundo Frente en Lechería.

José Conde, el hijo del dueño del restaurante del central de Preston, recuerda que el secuestrador herido fue atendido por un doctor de apellido Prior en Felton "y de allí ellos se fueron para la Sierra Cristal". El doctor Harold Murray, que trabajaba en el central de Preston, cree que se trata del médico Teodoro Prior que ejercía en Mayarí.

Por esos días Santiago Rudy Moisés cumplía orgullosamente con su oficio de secretario del Estado Mayor de la comandancia de Mayarí Arriba del ejército rebelde, el área donde los secuestradores no lograron aterrizar en el primer ciclo de intentos suicidas. El comando estaba dividido en dos secciones, una Lechería, donde se guardaban los inventarios de los combatientes y materiales de guerra, y otra la sección de "Mapas y Claves". Desde Lechería, explicó Moisés, "se dominaba el río Mayarí, el aeropuerto de terraplén que teníamos para recibir los aviones, que casi siempre venían de Miami, la valla de los gallos y el poblado de Mayarí Arriba, que contaba con varios comercios y unas cuarenta casitas de guano".[57] Moisés tenía un empleo privilegiado para la historia de la revolución:

"Yo era el hombre orquesta, el que hacía de mecanógrafo, operaba el mimeógrafo, picaba los esténciles y cuando Raúl

---

[57] Entrevista con el autor el 14 de agosto de 2008.

[Castro] regresaba a oscuras y se reunía con Juan Escalona, a discutir los proyectos, yo tenía que levantar el acta, picar en esténcil y hacer las copias".

Moisés le contó al autor que días después del accidente de Cubana de Aviación -entonces el campamento funcionaba en la vaquería Pinares de Mayarí, a medio kilómetro de Mayaría Arriba- se presentaron tres secuestradores a quienes identificó como Ponce de León, Manolito y El Gordo, cuyo nombre no recordaba. Llegaron de noche y relataron su historia a Manuel Piñeiros, comandante del Segundo Frente.

"La pista era muy corta, ellos trataron de forzar al piloto, y que la pista era muy corta. Dijeron que nadaron y llegaron a la orilla y unos guajiros los ayudaron. Llegaron a la comandancia, se conectaron con los rebeldes. Recuerdo que Piñeiros dijo que no dijeran nada a nadie de lo que había pasado. Era algo planeado por ellos. Tengo entendido que Raúl se encabronó porque eso no estaba programado por Raúl. Estuvieron como medio presos. No estaban arrepentidos, pero sí estaban asustados. Se dieron cuenta que había muerto mucha gente inocente".

OSIEL

Un estafeta de la revolución se acercó al capitán del ejército revolucionario del Escambray, Osiel González, con un recado: su abuelo José Manuel falleció en un accidente de un avión de Cubana de Aviación secuestrado por unos compañeros del 26 de Julio. Omara, su hermana, y Luis, su primo, sobrevivieron.

La noticia llegó con una semana de atraso a las montañas del Escambray, en la región central de Cuba. A sus veintiún años, Osiel la recibió como un doble golpe al corazón: su venerado abuelo materno, el patriarca que forjó el carácter emprendedor y contestatario de la familia, había muerto como resultado de una acción chapucera e irresponsable de un grupo de jóvenes de su misma causa.

"Era una gran persona, me quería mucho, yo me llevaba muy bien con él, me malcriaba", recuerda Osiel[58]. "Las cosas se complicaron después cuando se supo la actuación tan mala de esta gente [los secuestradores], las cosas feas que hicieron".

Osiel llevaba un año y medio alzado bajo las órdenes de Eloy Gutiérrez Menoyo, el guerrillero español que luego combatiría a Castro. Por esos días, en medio de su pena y disyuntiva, el joven escuchó discutir las medidas que se debían tomar

---

58   Entrevista con el autor, noviembre de 2013.

con los secuestradores. Algunos de los comandantes rebeldes consideraban que cualquier esfuerzo en nombre de la revolución, así fuese fallido, debía ensalzarse, y otros pensaban que había sido una equivocación que merecía un castigo ejemplar.

"Había amigos de nosotros en el lado de Raúl, que estaban en la tropa de Raúl y quisieron tomar acción con esta gente del secuestro porque no conocían muy bien [lo que había ocurrido] pero Raúl intervino y calmó a la gente, eran capitanes, Horacio Menchero, el otro era Benjamín Ávila, Charles Dominici, Pepe Ávila, estaban con Raúl y estaban molestos con lo que había hecho esta gente y querían tomar acción que se enjuiciara de alguna forma a esta gente".

Osiel tiene dudas de si Raúl sabía con anticipación de la operación del secuestro.

"En realidad Raúl consideró que había sido un hecho, me imagino, que ellos habían planificado y que había fracasado".

En un intento por conocer más reacciones de los rebeldes en la Sierra Maestra, el autor habló telefónicamente con el legendario ex comandante revolucionario Hubert Matus[59] en octubre de 2008. Con evidente desgano sobre el tema, Matus aseguró que en sus filas no se había hablado una palabra. En sus memorias no hizo ninguna referencia al hecho pese a que él mismo había sido pasajero combatiente de otro avión robado en nombre de la revolución. Matus, quien se convirtió en un respetado activista del exilio de Miami, murió en febrero de 2014.

El desencanto de Osiel por la revolución fue vertiginoso. Compartía el desprecio que muchos de los combatientes del Escambray profesaban contra Castro, especialmente porque estaban hartos de su protagonismo. La gente del Escambray

---

59 Entrevista telefónica, octubre de 2008.

quería derrocar a Batista y promover un proceso democrático. Fidel solo pensaba en entronizarse.

Después de ocupar varios puestos en el gobierno revolucionario que no llenaban sus expectativas, Osiel terminó de director del Departamento de Incendios de la alcaldía de La Habana que había sido convertido en un club privado de festejos y prostitución. "Me llamaron para que enderezara el departamento", recuerda. Ocupó ese cargo hasta el día en que el alcalde lo mandó a reprimir con chorros de agua una manifestación estudiantil contra Castro ante la tumba de José Martí en La Habana. Hay que recordar que desde los albores del gobierno revolucionario surgieron movimientos estudiantiles que protestaban por el acercamiento de Castro a la Unión Soviética, inconformismo que fue exacerbado por la visita a La Habana del vice premier soviético Anasta Mikoyán en febrero de 1960.

"Les dije, dile a Pepe, el alcalde, que si quiere echarle agua a los estudiantes que venga él, pero mientras yo sea jefe no se le echa agua que se acuerde de Rubén Batista, que había muerto cuando [Fulgencio] Batista. Se lo dije por la planta de radio que lo oía todo el mundo".

Osiel conocía a casi todos los líderes estudiantiles que conspiraban contra el régimen. En tertulias secretas los jóvenes le comentaban sus acciones clandestinas para crear zozobra en la ciudad. "Eran sabotajes de una intensidad del carajo, venían y me contaban a mí lo que estaban haciendo, y se reían, '¿viste lo que te hice anoche?', y yo tenía que quedarme callado".

El punto de quiebre de Osiel con la revolución llegó finalmente el día que el gobierno revolucionario le encomendó la tarea de ponerse al mando de un frente de 30 hombres para repeler el desembarco de Bahía Cochinos. Osiel se asiló en la

Embajada de Argentina en La Habana el siete de abril de 1961. Vivió dos años en la sede diplomática hasta que finalmente logró llegar a Estados Unidos dispuesto a sacar a Castro del poder. Como primer paso en esa dirección participó en el lanzamiento de Alpha 66, un movimiento paramilitar conformado principalmente por ex combatientes de la invasión a Bahía Cochinos que se dedicó a hacer ataques clandestinos contra el gobierno cubano y se atribuyó múltiples infiltraciones en las fuerzas armadas revolucionarias. En esos tiempos Miami, la ciudad conspiración, tenía la mayor población de colaboradores de la CIA de todos los Estados Unidos. Las operaciones contra Cuba que se fraguaron en la ciudad iban de lo sublime a lo ridículo y fueron magistralmente descritas por el periodista Don Bohning, veterano corresponsal de la sección internacional de *The Miami Herald*, en su libro *The Castro Obsession*.

Entre tantos planes motivados por el fracaso y la humillación de la invasión a Bahía Cochinos, surgió la Operación Mangosta, bautizada así en referencia a un mamífero cuya agilidad contrastó penosamente con el desenlace de la misma operación. Mangosta surgió por iniciativa del legendario periodista de *The New York Times*, Tad Szulc, autor de una de las más completas biografías de Fidel Castro. En una reunión con Bobby Kennedy, el fiscal general del gobierno de Estados Unidos, el periodista le preguntó por qué si los comunistas pueden lanzar campañas internacionales de liberación, Estados Unidos no lo puede hacer. Kennedy quedó engolosinado con la idea, disfrazada de pregunta por Szulc, y no demoró mucho en ponerla en marcha apremiado por una información que le pasó el periodista: el pueblo cubano estaba desesperado con la revolución y solo necesitaba una chispa para que se sublevara. Corrió entonces la voz en los cafetines de Miami de que el gobierno de

Estados Unidos había lanzado una nueva operación definitiva para desestabilizar a Cuba. Esta vez se le dio la bienvenida no solo a aquellos exiliados decepcionados de Girón, sino a todos los mafiosos americanos que perdieron fortunas en La Habana y que estaban dispuestos a financiar la ofensiva.

Un cuartel de la CIA fue montado en los predios del campus sur de la Universidad de Miami. Conocida como JMWAVE, la estación de la central de inteligencia funcionaba en el edificio número 25, el viejo centro de comando de dirigibles de la Marina de Guerra de Estados Unidos, bajo el nombre comercial de Zenith Technical Enterprises Inc. Los horarios de entrada y de salida de los empleados colgaban de las paredes junto a diplomas de participación de los directivos en falsos seminarios de tecnología, dando la impresión de que allí se trabajaba arduamente en esa materia. Pero eran tan numerosos los supuestos trabajadores y tan impertinentes, que el condado de Miami-Dade se quedó pequeño para guardar el secreto de que el edificio no era más que una sucursal de la CIA para la libertad de Cuba. Con un presupuesto anual de 50 millones de dólares, 54 firmas de fachada y un personal de 300 estadounidenses que empleaban y controlaban aproximadamente a unos quince mil agentes cubanos, este edificio fue la sede más activa de la CIA en todo el país después de Washington. JMWAVE tenía más de 200 automóviles rentados y operaba la flota naval más grande del Caribe después de Cuba.

En la ciudad se fraguaban operaciones con toda clase de nombres. Quizás el más original fue "No love lost", "Ningún amor perdido". El objetivo de la operación era confundir a los pilotos de Castro a través de las frecuencias de radio. Algunos aviadores del exilio sobrevolaban una zona cercana a Cuba, y al reconocer la voz de sus colegas en las ondas radiales, empezaban a insultarlos.

El manual de instrucciones de la operación, recomendaba textualmente transmitir el siguiente mensaje:

"Comunista hijo de puta, te voy a joder" y a continuación debían dirigirse al piloto por su nombre, si lo reconocía. Es decir, reemplazar el hijo de puta por Papaito, por Vicente, para que les doliera más el insulto personalizado, pero no dejar por fuera el grito de comunistas. Otros empleados de la CIA trabajaban en un ardid secreto para distribuir fotografías de Castro obeso, en medio de dos mujeres hermosas y a su lado una bandeja de manjares sofisticados y una leyenda que decía "Mi ración es diferente" en contraste con la penosa dieta cubana.

El agente de la CIA encargado de las operaciones en el exilio decidió que el símbolo de la Operación Mangosta debía ser un gusano, la figura despectiva que usa Castro para referirse a los cubanos de Miami. Si el emblema de la fracasada invasión a Bahía Cochinos fue un pescado, el eslogan de la Operación Mangosta sería "Gusano Libre". Fue una idea de Bill Harvey, el coordinador de la fuerza de trabajo cubana de la CIA. En un memo interno de ese organismo el funcionario propuso repartir clandestinamente cartillas en Cuba para enseñarle a la gente común cómo pintar gusanos, el nuevo símbolo de la resistencia popular, acción que sería seguida por un envío masivo de prendedores, brazaletes, sellos, lápices y globos con la figura.

La propuesta no prosperó. Un funcionario del Departamento de Estado dejó constancia en un memo interno que le parecía "irracional" pensar que el mensaje de "gusanos del mundo uníos" podría causar una revuelta popular.

En la radio en español de Miami, dominada por los cubanos, algunos exiliados se atribuían ataques terroristas en la isla, perpetrados por sus enlaces; lo hacían al aire y sin escrúpulos; relataban desembarcos de armas en las costas cubanas o el envío de panfletos con instrucciones de cómo fabricar bombas caseras. Todo esto ante la mirada indiferente de las autoridades federales de Estados Unidos que hasta bien entrada la década de los ochenta se escudaron con el pretexto de que no tenían suficientes inspectores de radio que hablaran español.

Los campos de entrenamiento de Alpha 66 en las ciénagas del sur de la Florida se transformaron en un sitio de peregrinaje de los medios periodísticos de Estados Unidos que se regodeaban con las imágenes tragicómicas de exiliados panzones corriendo jadeantes por entre los matorrales y disparando a un enemigo postizo que nunca encararon en la realidad.

Osiel fue más allá del simulacro. Se unió a un plan para asesinar a Castro en Ecuador con un fusil de mira telescópica. La misión se llevaría a cabo en el aeropuerto internacional de Quito desde un avión que se estacionaría cerca de la aeronave del mandatario cubano mientras se reabastecía de combustible para seguir a Santiago de Chile en noviembre de 1997. Al menos así lo relató Antonio Veciana, otro conspirador del exilio, al programa radial de Miami "La noche se mueve".[60]

"He fracasado por segunda vez organizando un acto para matar a Castro y me reúno con cierta gente de Alpha 66. Con Osiel González, que es miembro de este movimiento. Es vicesecretario general de Alpha 66. Y Osiel me dice: está llegando a Miami Posada Carriles. Vamos a hablar con él porque él es un gran tirador y odia mucho a Castro, y con él podemos tratar de hacer algo. Sabíamos que el avión de Fidel Castro iba a hacer una escala técnica en Ecuador. Almorcé con Posada y con Osiel González y él aceptó ser el tirador, bajo ciertas condiciones".

---

60 "Cuatro entrevistas a Antonio Veciana", *La noche se mueve*, 19 de junio, 21 de junio y 3 de julio de 2007. Transcripción tomada del portal de Internet del programa radial.

Luis Posada Carriles es un químico cubano ex combatiente de la frustrada invasión de Bahía Cochinos que estuvo en la nómina de la CIA para desestabilizar el gobierno de Castro y combatir la izquierda en América Latina. En Cuba, Posada Carriles y terrorismo son sinónimos. Entre otros actos el gobierno cubano lo acusa de la voladura del avión de Cubana de Aviación en octubre de 1976 en el que murieron 73 personas, entre ellas los miembros del equipo olímpico de esgrima de la isla. Un tribunal de Venezuela que asumió la investigación lo declaró inocente.

Durante varias semanas de 1998, al lado del prestigioso periodista de *The Miami Herald,* Juan Tamayo, me dediqué a reconstruir las incursiones de El Bambi, como le dicen sus amigos a Posada Carriles en el mundo conspirativo del exilio.[61] La búsqueda nos llevó a localizar sus huellas en un intento de asesinato de Castro en Colombia en 1994 durante la cumbre de jefes de gobierno iberoamericanos; en una confabulación para llevar explosivos plásticos de Guatemala a Cuba escondidos en pañales, botellas de champú y los zapatos de algunos guatemaltecos que se hacían pasar por turistas (1997). También planeó volar un barco de carga cubano en Honduras en 1993 y establecer una base secreta en ese país al año siguiente, desde la cual exiliados cubanos podrían lanzar ataques comandos contra la isla.

Según Veciana, Osiel contactó en Ecuador a los hermanos Guillermo y Roberto Verdaguer que habían sido pilotos al servicio de Castro para que apoyaran la operación del avión desde el cual Posada Carriles iba a disparar. En un capítulo anterior se relató que Roberto era el copiloto del avión que aterrizó aparatosamente en una pista clandestina de la Sierra

---

61 "An Exile's rentless aim: oust Castro", *The Miami Herald,* p. 1A, junio 7 de 1998.

Maestra con hombres, armas y municiones. La operación emocionó hasta las lágrimas al comandante Fidel.

En agradecimiento, Fidel nombró a Roberto jefe de operaciones de la Fuerza Aérea Revolucionaria. Su hermano Guillermo trabajó como piloto personal del comandante. Decepcionados también con la revolución, los hermanos Verdaguer se escaparon de Cuba en un avión de carga que aterrizó en Jacksonville, Florida, el 14 de abril de 1961, con el pretexto de una falla en un motor.

Cuando todo estaba listo para el atentado, los Verdaguer decidieron no participar y la operación, como muchas en la historia del exilio y en las que aparece Posada Carriles como protagonista inconcluso, fue cancelada.

"[Los Verdaguer] le contestan a Osiel González, que está aquí en Miami, le dicen que ellos no van a participar, que eso es una inmolación, que no están dispuestos a participar", explicó Veciana. "Además de que están muy vigilados, porque son cubanos, extranjeros, allá [Ecuador]. Entonces se termina el plan ahí. Y por lo tanto, Posada no viaja a Ecuador para cumplir esa misión".

Osiel nunca ha negado su amistad con Posada Carriles. De hecho estuvo en Panamá en 2002 acompañándolo durante un juicio en su contra por asociación para delinquir y posesión ilegal de explosivos en otro supuesto complot para matar a Castro. La evidente ironía que encierra la amistad conspirativa de Osiel y Posada Carriles fue motivo de un comentario de Max Lesnik, un polémico editorialista que se declara fiel al socialismo, desde su casa en Coral Gables, Miami. En noviembre de 2008, luego de haber visto una fotografía de Osiel en un artículo de *El Nuevo Herald* sobre la conmemoración de los cincuenta años del secuestro y caída del Vuelo 495, Lesnik escribió al autor del libro:

"En la foto que publicaron en la que aparece la señora [Omara] González, nos dice que quien la acompaña, su hermano Osiel González, es uno de los más cercanos colaboradores del terrorista Posada Carriles, según él mismo ha dicho en declaraciones por televisión. Si terrorismo es secuestrar un avión, terrorismo es también hacer estallar en el aire un avión de pasajeros de Cubana de Aviación. Como dice el refrán, lo que es igual no es trampa".[62]

O si el ha dicho que él ni su organización Alpha 66 han estado involucrados en actos de terrorismo. "Jamás en la vida hemos hecho un acto de terrorismo, de volar un avión o involucrar vidas inocentes".

Omara González

62   Correo electrónico del 3 de noviembre de 2008.

Omara González y su madre, Felicita, en Miami.

José Manuel Rodríguez, abuelo de
Omara González.

Omara González, natural de Cárdenas y superviviente que iba en los primeros asientos dice: Un
hombre uniformado de color olivo, que no me
quitaba la vista de encima, pistola en mano gritaba:
"Nosotros íbamos a dar este golpe el día 31, pero
lo pospusimos para hoy". (Comprobado más tarde
oficialmente: los 5 asaltantes Raúl Rolando Rodríguez Villegas, Pedro Valdés Orta y Erasmo Aponte compraron sus pasajes en las oficinas de PAN
AMERICAN y los 2 restantes Manuel Fernández
Falcón y Edmundo F. Ponce de León, éste último
ex piloto de la Fuerza Aérea Americana, sacaron
tickets en CUBANA para despistar, cancelando
el viaje del día 31, para el día 1 de noviembre).

"A mi lado estaba mi primo Luis A. Sosa el
tercer superviviente. Casi de inmediato se dirigie-
ron a la parte delantera del avión, encañonando al
piloto. Por las voces que oímos, casi a la vez, los
3 restantes se dirigían al pasillo del avión y levan-
tando la alfombra sacaban de la escotilla un' saco
grande de lona, de donde extrajeron unos uniformes y armas más grandes. Delante de nosotros se
pusieron las otras ropas y algunos se cambiaron
los pantalones en presencia nuestra"

Omara con su primo Luis Sosa esperan en una
habitación del hospital del central azucarero de
Preston. Revista *Gente*.

Dos fotos de José Manuel Atanasio Rodríguez, natural de Cárdenas. Venía con sus nietos Omara González y Luis A. Sosa (supervivientes los dos) de Miami. Después del impacto sus nietos lo llamaban y él a ellos, pero no pudo soltarse la faja de seguridad, pereciendo, en el mismo asiento. Su nieta Omara González recuerda que habló con él después del impacto, hasta que la corriente la llevó hacia afuera. Cuando creyó que se ahogaba unos pescadores la rescataron, llevándola al hospital de Preston.

Complicidad

Un empleado de CUBANA en Miami, de apellido González, le manifestaba a un hijo del ex coronel Rafael Izquierdo, ayudante de Carlos Prío: "Ya tenemos 3 aviones". Esto ocurría la noche de la desaparición del VISCOUNT. Los pasajeros presenciaron y los supervivientes lo afirman, que de una escotilla que está en el pasillo del avión, debajo de la alfombra, sacaron un saco grande como de lona, que contenía mucho parque y el resto de los uniformes que allí mismo se pusieron, en pleno vuelo. ¿Cómo es posible que el saco hubiera ido a parar directamente a una escotilla y allí estuviera esperando lleno de armas, balas y uniformes? Del "ya famoso saco extrajeron una pequeña caja, donde, según ellos, había mucho dinero". Un reportero de GENTE que estaba en Miami, hace 3 días presenció cuando un registro por sorpresa efectuado por la Policía de Miami a los pasajeros, sirvió para que salieran de la fila tres pasajeros cancelando su viaje. El vuelo cubría la misma ruta que el VISCOUNT de Cubana secuestrado.

Edmundo F. Ponce de León, desaparecido. Erasmo Aponte, desaparecido. Raúl Rolando Rodríguez Villegas, muerto. Pedro Lázaro Valdés Cota, muerto.

Estos formaban parte del grupo de cinco que asaltó el avión. Edmundo F. Ponce de León fue piloto de las Fuerzas Aéreas Norteamericanas. La foto que aparece, de archivo, fue hecha hace varios años.

Arriba a la izquierda, el cuerpo de José Manuel Rodríguez, abuelo de Omara, flotando en la Bahía de Nipe.

Abajo, fotografías de los sospechosos del secuestro del avión publicadas por la revista Gente. La foto de Ponce de León de niño fue entregada a la Embajada de Estados Unidos en La Habana. Revista Gente.

Cadáver de una de las víctimas, que no ha podido ser identificada.

Juana María Méndez Martínez, de Cárdenas. Se encontraba en estado de gestación.

LOS CADAVERES RESCATADOS

Byron Martínez, de sólo 4 años de edad. Era ciudadano norteamericano.

Pedro Lázaro Valdés Orta. Viste las botas, el cinturón y el uniforme del M-26-7.

Revista *Gente*.

Gente Noviembre 16, 1958

LA TRAGEDIA DE NIPE

Una "Hazaña" Aérea del M-26-7

Los partes electorales del 3 de noviembre pasaron a un segundo plano, cuando fueron llegando los primeros despachos sobre el asalto del Viscount de Cubana, por miembros del M-26-7. El hecho tan monstruoso era calificado por observadores antigubernamentales como la más horripilante tragedia, el error capital de las fuerzas rebeldes que lidera Fidel Castro.

Paralelos a los partes que daban cuenta del hecho electoral del 3 de noviembre, que arrasaba la teoría del abstencionismo, surgían los despachos de las agencias enteran-

do al mundo del acto de piraterismo aéreo que causó la muerte a 17 personas, 6 de ellos ciudadanos norteamericanos.

No es necesario urdir una trama de dramático desarrollo, bastan los hechos. Sólo la objetividad con su crudo lenguaje y las fotos que ilustran este reportaje exponen en vivo el enloquecedor plan de sabotajes sin límites, en que han muerto niños, mujeres y ancianos, al margen de la política cubana, víctimas del afán de poder del M-26-7 y su cabecilla Fidel Castro, con la ayuda eficiente —para sembrar el terror— de la internacional comunista.

La tarea de rescate

Apenas producido el accidente, numerosos vecinos de Preston se dieron a la tarea de salvar a los pasajeros. Poco pudieron hacer. Las condiciones existentes hacían difícil el trabajo. La foto nos muestra el momento en que la portezuela de la cabina era extraída, para hacer posible el rescate de los cadáveres.

Rescate de escombros del avión en la Bahía de Nipe.
Revista *Gente*.

El capitán Ruskin Medrano y el copiloto José Combarro en la cabina de un avión de Cubana de Aviación. Ambos perecieron en la tragedia de noviembre de 1958.

Abajo, la viuda del piloto, María Bray, "Chichita", y su hija Patricia en Miami.

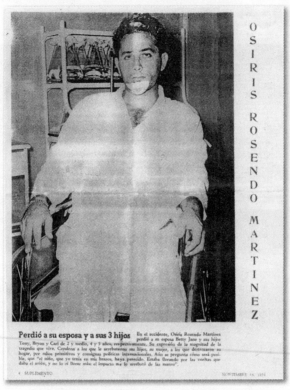

OSIRIS ROSENDO MARTINEZ

Perdió a su esposa y a sus 3 hijos En el accidente, Osiris Rosendo Martínez perdió a su esposa Betty Jane y sus hijos Tony, Bryon y Cari de 2 y medio, 4 y 5 años, respectivamente. Su expresión da la magnitud de la tragedia que vive. Condena a los que le arrebataron sus hijos, su mujer, a los que destrozaron su hogar, por odios primitivos y consignas políticas internacionales. Aún se pregunta cómo será posible, que "el niño, que yo tenía en mis brazos, haya perecido. Estaba llorando por las vueltas que daba el avión, y no lo oí llorar más: el impacto me lo arrebató de las manos".

4 SUPLEMENTO   NOVIEMBRE 18, 1974

Osiris Martínez, horas después de haber sido rescatado en la Bahía de Nipe. Abajo, fotografía de Osiris en
2008 en su residencia de Miami. Revista *Gente*.

Annie Sofía Reyna se empleó como azafata de Cubana de Aviación en un sorpresivo giro que le dio a su vida y que dejó confundidos a sus padres y amigos en La Habana. Ellos pensaban que la joven ya había definido sus metas como concertista de piano o quizás bailarina, pero nunca esperaban que terminaría uniformada de sobrecupo.

Ruskin Medrano, sabía que era una locura aterrizar en una pista inapropiada y sin luces.

La bella aeromoza Ana Reina, que por su trabajo debe permanecer de pie, ya que había 4 niños a bordo, fue a parar, con la cara destrozada, a la cabina, tropezando con el menor Luis A. Sosa, superviviente.

Revista *Gente*.

Osiris Rosendo Martínez, ciudadano americano, que perdió a sus 3 hijos y su esposa recuerda cuando la señora Juana María Márquez, que estaba encinta, les rogaba a los pistoleros casi arrodillándose, que dejaran el avión, que ella iba a tener un niño. Cuando se encontraban cerca de las costas cubanas, cerraron las cortinas y apagaron las luces. Un foco no se apagaba y de un balazo lo rompieron.

"Estaban frenéticos, —dice Rosendo—. De pronto uno de ellos salió de la cabina, diciendo "si este piloto no aterriza ahora, le pego un tiro en la cabeza". Los juramentados del odio y la sangre no cejaban ni ante los ruegos de una madre. Para ellos sólo la muerte, la lucha fratricida, es el camino para asaltar el poder. Nada importa lo que cueste si logran su tan ansiado fin.

Orlando Jiménez, sobrecargo, aún desaparecido.   Laurelina Mena González.   Juana María Méndez Martínez, murió encinta.   José M. Combarro, copiloto.

6 SUPLEMENTO   NOVIEMBRE 16, 1958

Fotos publicadas por la revista *Gente,* del copiloto, el sobrecargo y dos pasajeras, una de ellas embarazada. Todos murieron en la tragedia aérea.

Solange Ponce de León, la prima de Edmundo Ponce de León, quien reveló cómo el sospechoso del secuestro se unió a las filas rebeldes luego de salir ileso del accidente.

Edmundo Freddy Ponce de León, frente a su casa en Miami.
Foto de Pedro Portal / *El Nuevo Herald*.

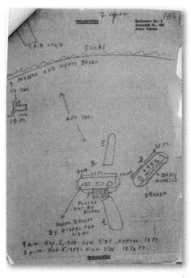

Croquis del lugar del accidente preparado por el gerente del Central Azucarero de
Preston, Martin Laffie (ver copia más amplia en el anexo).

La larga espera

En la habitación contigua a la de Osiris Martínez, Omara esperaba con ansiedad que alguien se apiadara de ella y de su primo, pues toda la atención estaba puesta en el pasajero estadounidense. Finalmente, recuerda, apareció un religioso, quizás un pastor metodista, quien le advirtió que habían prohibido todas las visitas. "Tengo miedo de que a usted le pase algo", le dijo el pastor, y le preguntó si quería informarle a algún familiar que estaba a salvo. Omara le pidió que enviara un telegrama a su familia que dijera: "Estamos vivos pero mi abuelo no aparece y no me dejan salir de aquí". También le dio instrucciones para que se comunicara con su mamá, Felicita, que se quedó esperándolos en Varadero. Omara quería que su mamá llamara a la tía Rina Edode quien tenía algunas influencias con Batista para que intercediera por ellos. Quizás era la única conexión que le quedaba a la familia con la dictadura. Rina era sobrina de Hilda Martínez la enfermera de los hijos de Batista, una persona muy cercana al gobernante y a su esposa. Quizás ella podría ayudarles a salir de allí porque Omara veía que la situación cada vez se ponía más tensa.

"Los militares entraban y decían que tenían miedo de que Castro viniera a secuestrarnos", afirma Omara.

La joven se angustió aún más cuando se presentó en su habitación un militar que se refería a ella como un cadáver. "Llegó un guardia que había ahí y dijo tómeles las huellas a los cadáveres, y entonces viene uno con una cara de miedo y me viene a tomar las huellas de los pies, y yo le decía yo no estoy muerta, y yo gritaba, si yo estoy viva".

Aburrido de la larga espera, Luis se escapó del hospital a una casa vecina en la que vivía una enfermera. Allí le tomaron fotografías que le hicieron llegar meses después, una de ellas con una nota que decía: "Luisito, todos en el hospital de Preston te recuerdan con mucho cariño y te mandan recuerdos", Ada Casals.

Por razones de seguridad, según le informaron, Omara fue trasladada a una habitación sin ventanas donde había cuatro camas vacías. En la puerta apostaron a un soldado o casquito como se le decía en Cuba, con quien la muchacha entabló una conversación amistosa. El cabo le contó que se había enrolado en el ejército porque tenía una novia con quien se quería casar y necesitaba dinero, aunque le confesó que no estaba de acuerdo con el gobierno de Batista. El joven militar era la única conexión de Omara y Luis con el mundo exterior, lo que les permitió enterarse de los chismes que recorrían el central. La gente decía que ella y su primo se salvaron gracias a la Virgen de la Caridad, pues en la maleta que se apoyaron los rescatistas encontraron una estatuilla de la patrona de Cuba, envuelta en una frazada. En voz muy baja el casquito le dijo que su coronel Jesús Sosa Blanco se quedó con la figura de la Virgen y que la gente del pueblo estaba enojada porque se la debían haber entregado a los sobrevivientes.

Mientras hablaban, Omara notó que el joven militar no se sentía bien. Él mismo se lo admitió y dijo que necesitaba un

Alka-Seltzer para tratar de calmar las náuseas. Por esas cosas de Dios, recuerda Omara, ella encontró justamente un Alka-Seltzer en una de las gavetas de la habitación y se lo dio. El joven soldado pidió su aprobación para acostarse en una de las camas y contar el drama que vivió cuando se dirigía hacia Preston en un convoy bajo el mando del coronel Sosa Blanco para atender la emergencia de la caída del avión de Culvina. El cabo manejaba el *jeep* en el que iba su coronel.

"Me das un permiso, me dice, me voy acostar, y coge la cama que está pegada a la puerta, pone el fusil y me dice 'mira lo que me pasó, íbamos en el *jeep* y nos atascamos, adelante iba un señor con la señora con los dolores de parto caminando, y Sosa le dice que le ayude a empujar y el hombre dice que no puede porque va apurado porque mi mujer está para parir'".

El campero finalmente logró salir del atasco y, según el soldado, Sosa Blanco, enfurecido por la negativa del campesino a sacarlos del lodo, le dio la orden de que atropellara a la pareja. Con el terror de que el muerto podría ser él si desobedecía, el cabo aceleró con los ojos cerrados hasta que sintió el golpe seco de los cuerpos de ambos campesinos. Al cabo le quedaban pocas dudas de que ambos murieron.

"Dice que le pasaron por encima. Él era el chofer y me decía mira como estoy. Luego de atropellar a la pareja, Sosa dijo: 'Vamos que tenemos que coger a los Mau Mau, así como que le decían a los rebeldes'", recordó Omara.

Minutos después de que el cabo terminó de contar el drama, Sosa Blanco se apareció en la habitación y, al descubrir que el subalterno estaba muy cómodo reposando en una de las camas, lo paró de un pescozón. "Le dijo que era una falta de respeto con la señorita que estuviera acostado ahí". Omara no volvió a saber del cabo. Sosa Blanco se quedó hablando con ella y su primo para tratar de obtener información del secuestro del avión. "Empezó diciendo, como para ganarse la confianza, que tenían a dos mellizos, sus hijos, que eran muy bonitos".

Sosa Blanco se convirtió en el símbolo de la represión de Batista. Se le acusó de haber cometido más de un centenar de asesinatos en nombre del dictador. Fue ejecutado semanas después de ser condenado en un juicio público y sumario, ante diecisiete mil personas reunidas en el Palacio del Deporte de La Habana. En la multitud se encontraban el escritor Gabriel García Márquez y su amigo, el también escritor Plinio Apuleyo Mendoza. Mientras presenciaba el juicio, García Márquez pensó que la escena sería una gran apertura para una novela de un dictador muy viejo que era juzgado en un estadio. Finalmente el premio Nobel desistió de la idea.

"Aquella noche en La Habana, mientras juzgaban a Sosa Blanco, me pareció que la estructura útil era el largo monólogo del viejo dictador sentenciado a muerte. Pero no; en primer término, era antihistórico: los dictadores aquellos o se morían de viejos en su cama, o los mataban o se fugaban. Pero no los juzgaban. En segundo término, el monólogo me hubiera restringido al único punto de vista del dictador, y a su propio lenguaje".[63]

Interrogado por periodistas extranjeros sobre la disculpa de Sosa Blanco de que él seguía órdenes, Fidel Castro respondió: "Nadie está obligado a cometer atrocidades".[64]

La madre de Omara llegó a Preston en compañía de la tía Rina y sus tíos, Rodobaldo y Rubén Rodríguez. Uno de ellos se puso en la tarea de contratar un bote y un pescador para buscar al abuelo José Manuel. El tío de Omara que se quedó en

63 *El olor de la guayaba*, Gabriel García Márquez, conversaciones con Plinio Apuleyo Mendoza, Editorial Sudamericana, Buenos Aires, 1993, pp. 59-60.
64 "Nuestro hombre en La Habana", revista *Semana*, Bogotá, 14 de febrero de 1983.

tierra, y el religioso que la visitó, insistían en que sería mejor no intentar la búsqueda porque "había mucho peligro".

"Aquí me quedo hasta que lo encuentre y hasta que lo encuentre no me voy de aquí", decía Felicita.

Al mediodía del cinco de noviembre, un pescador encontró flotando los restos que dejaron los tiburones del cuerpo de José Manuel. "No querían que mi mamá lo viera", recuerda Omara.

"No lo reconocí porque tenía la cara toda desbaratada", agrega Felicita.

El reporte de la Embajada decía: "lo poco que quedó de Joseph Manuel Rodríguez, un ciudadano cubano, fue traído por una embarcación a motor alrededor de las 12:15 p. m. después de haber sido hallado flotando cerca a la playa, al otro lado de la Bahía de Nipe".

Felicita quería llevarse con ella a su hija Omara y a su sobrino Luis, pero el coronel Sosa lo impidió. Batista ya estaba al tanto de la situación de los sobrevivientes familiares de Hilda, la enfermera de sus hijos. Ella le había pedido que intercediera y pese a que la esposa de Batista no estuvo de acuerdo, pues comentó que podrían ser "enemigos", el dictador dijo que lo hacía por Hilda y ordenó que se les permitiera salir de Preston. Un coronel se presentó en la habitación del hospital y mientras se abanicaba con un telegrama que contenía las instrucciones de Batista, le dijo a Omara: "En La Habana manda Batista, pero aquí en Oriente, mando yo". Entonces les dio una noticia que llenó de pánico a Felicita y a sus hermanos: algunas de las maletas con armas que iban en la bodega del avión estaban a nombre de Omara y de su abuelo. Es más, en la cartera de Omara se encontró un prendedor con un escudo del Movimiento 26 de Julio.

Ante esa situación, Felicita debió regresar a Varadero sin su hija ni su sobrino.

Ojos campesinos

Al atardecer del tres de noviembre, los militares anunciaron que se suspendían las labores de rescate bajo su coordinación y que se le encomendarían al capitán del puerto Ramón Ortega Orta. Motivado por la convicción de que algunos de los secuestradores se habían salvado, el vicecónsul Kesller consideró que la investigación debía continuar con refuerzos de la base de Guantánamo.

Las presiones de Estados Unidos al gobierno de Batista para que permitiera la salida de Osiris, rindieron finalmente frutos. Alrededor de las nueve de la mañana del día siguiente, el vicecónsul Smith llamó al cuartel, y, en una actitud menos arrogante que la de los últimos días, el sargento Fernández le informó que Osiris podría irse. Smith confirmó la orden por teléfono con el comandante Pino, quien se reponía de un tiro en la columna vertebral en el hospital de Antilla.

Ambos delegados fueron al hospital de Preston a darle la buena noticia a Martínez. Mientras hablaban con él, el sobreviviente recordó repentinamente un episodio del accidente: la imagen de las sombras de dos sobrevivientes saltando al agua desde los escombros. "La declaración se produjo en forma de *flashback* de su memoria y no fue forzado a ampliarla por respeto a su duelo", escribió Kessler. Más tarde, Martínez describió la misma escena en una declaración firmada a solicitud de los investigadores de la Embajada.

Cuando los cónsules ya se disponían a salir, el doctor Antonio Ortiz, superintendente del hospital, se acercó sigilosamente a Smith y pidió permiso para hacer una declaración bajo "estricta confidencialidad". Una vez autorizado explicó muy nervioso algunos detalles desconocidos sobre el paradero de los piratas aéreos. Según las versiones que llegaron al pueblo, desde los montes de la región, tres hombres caminaban día y noche en calzoncillos llevando en andas a uno de ellos que estaba herido. Su principal preocupación no era necesariamente la seguridad o el hambre, sino cubrirse el cuerpo con algo que los hiciera menos notorios. Dos campesinos que vivían separados por varios kilómetros, le contaron al médico que al menos tres secuestradores estaban a salvo. Uno de los campesinos relató que en la madrugada del dos de noviembre tres hombres en calzoncillos tocaron a su puerta. Uno de ellos que tenía una pierna rota, se apoyaba en el hombro de los otro dos. Dijeron que habían tenido un accidente y que "habían perdido a su líder". Necesitaban pantalones. El otro campesino, quien vivía a kilómetros de distancia del primero y más cerca a las montañas, le comentó a Ortiz que tres hombres, uno de ellos herido, se presentaron en su casa como a las 10 de la mañana del dos de noviembre, y le pidieron ropa. Allí recibieron dos pantalones. Un tercer poblador de la zona también le confió al médico que vio los tres hombres caminando hacia las montañas.

Las impresiones que ambos vicecónsules consignaron en sus respectivos informes sobre las declaraciones del médico, difieren en entusiasmo. Smith las resumió en tres frases, Kessler le dedicó dos párrafos. Smith reaccionó como mucha cautela, una característica del cónsul que años después ocupó el cargo de jefe de la sección de intereses de Estados Unidos en La Habana (1979-1982), desde el que debió manejar la crisis del éxodo del Mariel. "Le agradecí al médico por su cooperación pero no hice ningún comentario. Hay que recordar que en esta tensa situación como la que existe en el área, los rumores y las historias infundadas son muy comunes", escribió Smith. En cambio Kessler presentó la siguiente hipótesis: "Las declaraciones del doctor Ortiz podrían ser rechazadas como rumores si las hubiera hecho en días posteriores a este período. Sin embargo, esta información estuvo disponible el 4 de noviembre, en un momento en que la búsqueda de cadáveres continuaba y algunos de los cuerpos no fueron hallados hasta después del cuatro de noviembre. Esto de por sí le da credibilidad a la historia. Si no fuera verdad, por lo menos uno de los tres cuerpos de los pasajeros perdidos probablemente ya hubiera sido hallado, y por lo tanto se hubiera probado que la historia es falsa. Los cuerpos no han sido encontrados".

Estas diferencias en la interpretación de los hechos de los dos diplomáticos es palpable a lo largo de la lectura de sus reportes. Smith es escéptico y Kessler más perspicaz. A lo que ninguno de los dos pudo abstraerse, por más imparciales y cuidadosos que quisieran aparecer, es que el desastre aéreo estaba directamente vinculado al secuestro, y esa era una situación que encontraba más asidero en la realidad a medida que las evidencias continuaban, literalmente, saliendo a flote. Los vicecónsules habían visitado en la mañana una vez más el cuartel donde los militares les mostraron el cuerpo de Pedro Valdés Orta, a quien consideraban parte de la banda de secuestradores. Valdés tenía puesto el uniforme verde olivo. Entre sus pertenencias encontraron la licencia de conducir 296532 expedida en 1959, donde se le identificaba como ayudante de conductor de bus; una tarjeta de identificación del Departamento de Policía de Miami Beach, donde informaba que su dirección de trabajo era el Hotel Casablanca; un número telefónico, entonces de cinco cifras, escrito en una tarjeta de cartulina, y un pedazo de papel arrugado con el número 9-9-12976 NW 11. El cuerpo estaba muy descompuesto pero en general coincidía con la descripción de los documentos encontrados: un hombre de 1.70 metros de altura, 66 kilos, pelo negro y ojos castaños.

Una vez más, los investigadores debieron dejar el cuartel para asistir a otro funeral, esta vez el de Byron Martínez, el hijo de Osiris de cuatro años de quien solo se rescató el torso superior. Tenía señales de ataque de tiburones. Finalmente Smith y Kessler escucharon la noticia más esperada de su visita a Preston: un avión de Cubana de Aviación llegaría a recoger a Martínez.

Un DC-3 de la compañía aterrizó a las 11:30 de la mañana. Cuando los funcionarios pensaban que era cuestión de recoger a Martínez en el hospital y llevarlo al aeropuerto, se enteraron de que la espera sería más larga. Debían aguardar a que el cuerpo de Ana Reyna, la azafata, que había sido encontrado cerca a los escombros del avión, fuese exhumado en el cementerio del central para ser enviado a La Habana donde la familia preparaba los funerales. Ana Reyna, según los exámenes del hospital, había muerto ahogada, no del impacto del avión. Se descartaron además los rumores de que había recibido disparos de bala.

Cuando supo que el avión estaba en el aeropuerto del central, Smith recogió a Martínez en el hospital y se dirigió con él hacia la pista. Pero se presentó un nuevo inconveniente. El comandante Rodríguez Ochoa no había dado la autorización al piloto para el despegue y posiblemente el vuelo sería cancelado hasta el día siguiente. Los militares que vigilaban el aeropuerto le advirtieron a Smith que abandonarían sus postas al atardecer pues esa mañana había muerto un soldado en una emboscada de los rebeldes cerca al terminal aéreo. Smith decidió regresar con Martínez al hospital, pero en cuestión de minutos el comandante Rodríguez Ochoa llegó a la pista y dio la autorización para la partida. A las 5:35 p. m., cuando quedaban pocos minutos de luz natural, salió el avión con destino Varadero-La Habana. Smith acompañaba a Martínez. A su lado iban los familiares de la azafata Ana Reyna y en la bodega los cadáveres de ella y el de José Manuel Rodríguez.

Kesller hubiera podido salir en el mismo vuelo ese cinco de noviembre, pero prefirió quedarse para continuar en su empeño de no dejar rastro del sitio sin investigar y solidificar su tesis respecto a la fuga de tres de los secuestradores y el auxiliar de vuelo.

"Heroica estupidez"

Mientras los cónsules norteamericanos recolectaban evidencias del secuestro del avión de Cubana de Aviación, en Washington los comunicados de prensa y las declaraciones de los funcionarios no reflejaban la gravedad de lo que había ocurrido. A estas alturas el Departamento de Estado ya tenía suficientes indicios para revelar que había razones para investigar si los piratas habían propiciado la tragedia al obligar al piloto de la aeronave a aterrizar en una pista inadecuada.

La forma letárgica como se manejaba la divulgación de los detalles de la tragedia empezó a despertar sospechas entre los periodistas de Estados Unidos. Uno de los primeros en notar que algo extraño ocurría fue el veterano reportero Ben Meyer, corresponsal de la Associated Press (AP) en Washington. Cansado de esperar nuevas incidencias, Meyer protestó y pidió explicaciones durante una rueda de prensa en la capital. Como se trataba del reclamo de un reportero influyente en Washington, Viron Vaky, un funcionario del Departamento de Estado quien años después tendría una importante figuración como diplomático y experto en América Latina, fue comisionado para tratar de apaciguarlo. Vaky se entrevistó telefónicamente con el corresponsal tras la rueda de prensa.

En esa conversación Meyer dejó en claro que su crítica recogía el clamor de otros reporteros que llevaban cinco días tratando de obtener nueva información y recibían muy poca con la excusa de que las comunicaciones con Preston estaban interrumpidas. Para el periodista resultaba increíble que la Embajada no tuviera más datos de un accidente que había ocurrido a menos de 25 minutos de La Habana en avión. Si la Embajada había logrado enviar rápidamente a Preston a varios buzos, se preguntaba, ¿por qué los reporteros no contaban con información fresca? Vaky le explicó que cuando se trata de reconstruir un accidente solo hay dos fuentes de información: la que sale del lugar de rescate de los cadáveres y los relatos de los sobrevivientes. La operación de rescate estaba todavía en marcha y necesariamente tomaría tiempo, según escribió Vaky en un memorial fechado el siete de noviembre, seis días después de los hechos, con el fin de dejar constancia de su discusión con el periodista.[65] "En cuanto a los sobrevivientes le señalé que dos de ellos estaban en *shock* y aparentemente muy confundidos. Martínez estuvo en *shock* por un tiempo y había perdido toda su familia. Simplemente no puede esperarse que uno pueda conseguir una declaración completa en cuestión de una hora". Más adelante Vaky le comentó al periodista que los vicecónsules que fueron despachados al lugar ya habían entregado sus informes pero se suponía que no eran reporteros que podían enviar noticias de inmediato. El material debería ser analizado, en particular porque la prensa había revelado que se encontraron algunos cuerpos con uniformes. "Nosotros no queremos informar algo que no haya sido confirmado y verificado", agregó.

---

65 "Memorando de conversación". Tema: publicidad del accidente del avión cubano. Con copias para Sr. Rubottom, Sr. White, Sr. Little y Embajada en La Habana, 7 de noviembre de 1958, 4:40 p. m.

El análisis de Vaky, que según él dejó satisfecho al periodista, no era del todo cierto, aunque es difícil de determinar si se debía a que el funcionario ignoraba lo que realmente sabía el gobierno, o quizás trataba deliberadamente de ocultarlo por instrucciones de sus superiores. A los cinco días del acontecimiento, la Embajada en La Habana, y por consiguiente el Departamento de Estado, contaban con la información que Ben Meyer y sus colegas querían transmitir al mundo. Se sabía que el avión había sido secuestrado por cinco sujetos uniformados que iban armados; que los cadáveres de dos de ellos fueron rescatados y que los funcionarios consulares tuvieron oportunidad de verlos aún vestidos con los uniformes e insignias del Movimiento 26 de Julio; que se tenían indicios serios además de que el avión llevaba armas y que tres de los piratas —uno de ellos con ciudadanía estadounidense— habían sobrevivido y buscaban refugio en las montañas. Toda esta información, que quedó plasmada en laboriosos y extensos informes de los diplomáticos en cables recibidos por la Embajada antes de la conferencia de Vaky con Meyer, seguramente hubiera tenido un gran impacto en Estados Unidos y el resto del mundo. Por lo menos la noticia hubiera adquirido una importancia proporcional a la gravedad del acontecimiento.

Otro material que tampoco divulgó el Departamento de Estado fueron las imágenes de los cadáveres atacados por los tiburones de hombres, mujeres y niños que murieron en el accidente, así como de los escombros del avión en la Bahía de Nipe. En el equipo de rescate enviado al lugar desde la base naval de Guantánamo iban dos fotógrafos profesionales. El vicecónsul Smith también tomó fotos y las llevó a La Habana, según uno de los reportes de Kessler. Ni una sola de esas fotografías llegó a los periódicos internacionales.

En cuanto a los dos sobrevivientes que estaban "en *shock*" y se les dificultaba hacer un relato, es de suponer que Vaky se refería a Osiris y a Omara. Pero esa apreciación era también imprecisa. Si bien Osiris estaba consternado con la pérdida de su familia, su primer relato fue directo y contundente. Uno de sus testimonios lo ofreció sin que los funcionarios diplomáticos se lo pidieran. Omara estaba muy nerviosa pero no en *shock,* y su relato de que cinco sujetos habían secuestrado el avión, también llegó a oídos de los enviados de la Embajada. Ni Omara ni su primo fueron interrogados por los cónsules, según comentó la sobreviviente al autor.

La timidez del gobierno de Estados Unidos para informar sobre la complicidad del 26 de Julio en el siniestro también disgustó al gobierno de Batista, que protestó formalmente. Terrence Leonhardy, encargado de la Oficina de Asuntos Cubanos en el Departamento de Estado, aseguró que su gobierno no tenía información de la participación de militantes revolucionarios hasta la noche anterior, y propuso revelar esta importante implicación al día siguiente considerando que los propios enviados consulares habían sido testigos.

Ante el silencio de los americanos, los voceros de Batista decidieron denunciar que el desastre aéreo tenía cómplices en la sierra, pero en su afán de desacreditar al movimiento rebelde, terminaron divulgando información equivocada. El coronel John Kieffer, agente del gobierno de Batista registrado en Washington, aseguró que todos los cadáveres ya habían sido recuperados, incluido el de Ponce de León, quien en esos momentos caminaba con pantalones prestados por las montañas de Mayarí. Los servicios cablegráficos registraron la muerte de Ponce de León en varios periódicos del mundo, lo que debió ser una buena noticia para "el muerto". Las palabras más fuertes del gobierno de Estados Unidos se produjeron el tres de noviembre cuando el vocero del Departamento de Estado en Washington, Lincoln White, calificó el secuestro como "un acto de bandolerismo y violencia" y anunció que el gobierno estaba tratando de determinar si colaboradores de Fidel Castro fueron responsables de la tragedia, pero tuvo el cuidado de citar las palabras del representante del Movimiento 26 de Julio en Washington, negando que el movimiento tuviese alguna responsabilidad. Ernesto Betancourt, el vocero de Fidel en Washington, había dicho: "No tenemos nada que ver con este incidente, esta es una acción de individuos que actuaron por su cuenta, sin nuestro conocimiento ni aprobación".

En la sierra la orden general fue negar cualquier participación del movimiento en el secuestro. Fidel, que llevaba varios días desconectado del mundo por problemas en los equipos de radio, dijo el siete de noviembre, cuando se restablecieron las transmisiones de Radio Rebelde, que "esas acusaciones que hace la dictadura contra el Movimiento 26 de Julio, ya sean las acusaciones lanzadas contra los que provocaron el accidente del avión, demuestran hasta la saciedad que están preparando el terreno para una intervención extranjera".[66] Horas antes el presidente Eisenhower había dicho que su gobierno no se proponía intervenir en los asuntos internos de Cuba "excepto en los casos en que se vean envueltos ciudadanos de los Estados Unidos".

---

66 Telegrama 487 de la Embajada de Estados Unidos en La Habana a la Secretaría de Estado, 4 de noviembre de 1958, 4 p. m. firmado por Smith. Ver también reporte N. 493 de la Embajada de Estados Unidos en La Habana a la Secretaría de Estado, 10 de noviembre de 1958, firmado por Smith citando a un enviado de la Cruz Roja que sostuvo que habló con Fidel y este le dijo enfáticamente que no tenía ningún conocimiento ni del avión Viscount ni del DC-3 que también había sido desviado.

A los pocos días, Raúl Castro admitió que tres de los secuestradores estaban bajo custodia del Segundo Frente y que podrían ser llevados al "pelotón de fusilamiento" por su "estupidez no autorizada aunque heroica".[67] En el preciso momento en que el comandante Castro lamentaba el percance de Preston y su hermano amenazaba con el paredón a los culpables, el Segundo Frente tenía en su poder un DC-3 robado cuando salía de Manzanillo a Santiago con varios pasajeros a bordo. Solo habían pasado cuatro días de la tragedia de Nipe.

La noticia se fue apagando. En la primera página de la edición del martes 4 de noviembre el *Diario de la Marina* destacaba los escrutinios electorales, la juramentación del presidente Jorge Alessandri en Chile y los detalles de la reunión del cardenal Arteaga de La Habana con el Papa Juan XXIII. Casi en el centro de la página, a dos columnas, compitiendo con una crónica sobre el éxito de librerías *Doctor Zhivago* del autor ruso Boris Pasternak, el periódico daba cuenta de la tragedia con una noticia políticamente esterilizada y sin firma.

Bajo el título de "Rescatados cuatro cadáveres del avión estrellado en Preston" la noticia registraba así la acción de los piratas aéreos: "un grupo de individuos que se encontraba a bordo como pasajeros amedrentaron con armas automáticas a los tripulantes a tiempo que se identificaban como militantes del movimiento insurreccional cubano, cambiándose la ropa por los uniformes que identificaban su tendencia revolucionaria".

La revista *Gente* de Cuba, propiedad de Fulgencio Batista, publicó el 16 de noviembre una extensa crónica , quizás la más amplia, bajo el epígrafe: "Solo la objetividad con su crudo lenguaje y las fotos que ilustran este reportaje exponen en vivo

---

67 Telegrama de la Embajada de Estados Unidos en La Habana a la Secretaría de Estado, 10 de noviembre, 1 p. m. firmado por Smith. Cita un despacho de Santiago de Cuba.

el enloquecedor plan de sabotajes sin límites en el que han muerto niños, mujeres y ancianos, al margen de la política cubana, víctimas del afán de poder del M-26-7 y su cabecilla Fidel Castro, con la ayuda eficiente –para sembrar el terror– de la internacional comunista".[68]

Aunque el diario *The New York Times* publicó las notas de rigor del secuestro en primera página, parecía más interesado en los detalles de la detención y golpiza de la que fueron víctimas dos ciudadanos estadounidenses por parte agentes del gobierno de Batista. Ante la insistencia del diario, Smith, el embajador en La Habana, debió enviar al gobierno local una solicitud de explicaciones sobre lo ocurrido.

La noticia del secuestro y la caída del avión perdió importancia no solo por la lenta gestión del Departamento de Estado, sino que conspiró también que en esos días ambos países estaban distraídos en encrucijadas políticas. Tanto Estados Unidos como Cuba vivían jornadas electorales decisivas. Los estadounidenses escogerían el martes a senadores y representantes que prometían sacar al país de una angustiosa recesión económica de dos años, y en Cuba miles votarían el lunes con las narices tapadas para soportar el hedor a fraude. Basándose en conteos ficticios, Batista anunció el triunfo de Rivero Agüero de la Coalición Progresista Nacional. La historia de la isla no parecía tener reversa.

"Todo ha sido una farsa", sentenció el candidato perdedor Grau San Martín.

---

68 *La Tragedia de Nipe: Una 'hazaña' aérea del M-26-7*, sin firma. 16 de noviembre de 1958.

IMPRUDENCIAS

Alrededor de las nueve de la mañana del siete de noviembre, el vicecónsul Wayne Smith, todavía con las imágenes frescas de Preston, recibió en su oficina de La Habana a familiares de Edmundo Ponce de León, que querían saber si el pasajero había sobrevivido al accidente del avión. Se trataba de Martha Ponce de León, quien se presentó como su tía, y Carlos Arias Agüero, quien dijo que era primo segundo. Smith les hizo un resumen de su visita al lugar del desastre y les informó que su pariente era de uno de los cuatro pasajeros desaparecidos, pues su cuerpo no había sido hallado y no se contaba con pruebas definitivas de supervivencia. Lo que la Embajada sabía hasta ahora era que se trataba de un ciudadano estadounidense y que en los escombros del avión se había encontrado una tarjeta suya, lo que permitió ubicar a su padre Edmundo en Miami. El padre le comunicó a la Embajada que su hijo era reservista de la Fuerza Aérea y que tenía un tatuaje de una rosa y un corazón en su hombro derecho, y la madre entregó una fotografía de pasaporte, cuando su hijo tenía once años.

En medio de la conversación, la ingenua tía de Ponce de León le preguntó a Smith si además del piloto y el copiloto los investigadores habían encontrado otro cuerpo en la cabina.

Smith respondió negativamente. Entonces la señora no tuvo inconveniente en expresar su temor de que el gobierno de Batista no entregaría el cuerpo de su sobrino. ¿Por qué presentía que no lo haría?, le preguntó el diplomático, y ella le respondió porque "pensaba que las autoridades cubanas podrían haber creído por error que su sobrino estaba involucrado en el secuestro del avión".[69]

Luego de que la mujer salió, Smith se quedó con Arias, quien se había presentado como primo segundo de Ponce de León. Arias le soltó discretamente una información explosiva:

"El señor Arias me informó en forma estrictamente confidencial que él temía que su primo estuviera comprometido en actividades revolucionarias en Miami... Dijo que tenía razones para creer que Ponce de León podría ser uno de los secuestradores que se tomó el vuelo fatídico a Varadero".

Ante semejante revelación, Smith prefirió no hacer comentarios, pero una vez Arias se despidió y salió de su oficina, se sentó a escribir un memorial de una página dirigido al cónsul general James Brown, donde dejó constancia de la extraña visita que comprometía aún más a Ponce de León.

Los primeros días fueron muy angustiosos para la familia de Ponce de León. Sus padres leyeron en los periódicos que había fallecido en el accidente, pero otras versiones apuntaban a que se había salvado. Su prima Solange, que tenía unos once años, hizo la promesa en la capilla del colegio de las monjas ursulinas de La Habana que si Edmundito aparecía con vida, ella escucharía la misa de domingo de rodillas durante un año. Días después, los Ponce de León supieron, según Solange, que el joven estaba con los rebeldes. A la mayoría de sus familiares

---

69 "Memorando conversaciones con Martha Ponce de León, Carlos Arias Agüero y otro miembro de la familia Ponce de León" para cónsul general James E. Brown de vicecónsul Wayne S. Smith, La Habana, 7 de noviembre de 1958.

les pareció la mejor noticia, no solo porque había sobrevivido, sino porque Raúl, a quien la familia admiraba, lo tenía bajos sus alas.

Ese mismo día, la Embajada reveló a Washington otro cabo suelto de la investigación, basándose en rumores: se sospechaba que los rebeldes habrían infiltrado un buzo y piloto de Cubana de Aviación de apellido Piedra en el equipo de rescate del avión para llevar luego noticias a la sierra.[70] Al menos hay constancia de que el buzo había estado en la escena. Omara recuerda que fue Piedra quien encontró su preciado rosario de madera en el fondo de la bahía. Pero que estuviera actuando de espía submarino para llevar novedades al Segundo Frente, nunca se probó. Las sospechas en la Embajada aumentaron cuando, a los tres días del siniestro, Piedra aterrizó en territorio rebelde al mando de un DC-3 de pasajeros que cubría la ruta entre Manzanillo y Santiago. En principio se pensó que se trataba de otro secuestro, pero la Embajada se enteró de que Piedra había aclarado que llevó el avión voluntariamente "porque temía al ejército" cubano. El cable afirma que el aviador, al bucear en la zona del desastre aéreo, "halló evidencias incriminatorias" contra el Movimiento 26 de Julio.

¿La Embajada quería sugerir que el piloto desvió el avión solo para llevar un reporte a los Castro sobre el Viscount de Cubana de Aviación o algún material incriminatorio que había encontrado en su rastreo de la zona?

No con seguridad. El cable aclara que se trataba de un rumor local.

Rumores con los que la Embajada debía lidiar todos los días. El vicecónsul Kessler, a su regreso a La Habana, escuchó el chisme de que el cadáver de la azafata tenía cuatro disparos. "Esto es

---

70   Telegrama 487.

obviamente un rumor plantado por personas desconocidas por razones desconocidas pero sospechosas. Las razones sospechosas apuntan a que las fuerzas insurreccionales cubanas están tratando de culpar del accidente al gobierno cubano".[71]

Parecía altamente improbable, Anotó Kesller, que Reyna hubiera sido baleada, pues Osiris la vio hasta el último momento sosteniendo a uno de sus hijos. Su cuerpo fue encontrado aún amarrado al asiento con el cinturón de seguridad. La causa de la muerte, según los médicos del hospital, fue por ahogamiento.

El sábado ocho de noviembre, en un vuelo de Pan American, Osiris Martínez viajó desde La Habana hasta Estados Unidos con su suegro Carl y su hermano, sumido en ese estado de incredulidad y desconexión del mundo en el que el quedan los sobrevivientes. Al reprocharse una vez más el no haber cancelado el vuelo cuando los empleados de Cubana de Aviación en el aeropuerto de Miami se empeñaban en no dejarlo viajar con su familia, lo asaltó un presentimiento que transformó en una convicción con el paso de los años: las trabas del personal de Cubana Aviación no eran un asunto de falta de permisos ni de papeles, lo que pasaba es que desde un principio ellos sabían que ese sería un vuelo azaroso, lleno de peligros, una operación temeraria, y si las cosas salían mal, el panorama sería mucho más complicado para los rebeldes con una familia gringa a bordo.

"Toda aquella gente de la oficina estaba envuelta en el problema. Todos menos Medrano, el piloto", asegura Osiris.

Esas imágenes de los empleados impidiendo el abordaje de la familia con excusas estúpidas, los niños llorando, la mujer

---

71 Memorando para James Brown Jr. de Hugh D. Kessler. Tema: Accidente de avión cubano Nov. 1, cerca a Preston, Oriente, Cuba. Noviembre 9 de 1958.

acongojada porque no quería vivir en Cuba, los secuestradores gritando como locos que se acababa el combustible, terminaron por aplazar el duelo de Osiris. En su corazón empezó a surgir un incontrolable deseo de venganza. A los pocos días de llegar a Chattanooga, a vivir con sus suegros, Osiris le comunicó a la Embajada que regresaría a Cuba para continuar en su trabajo como inspector de la papelera que lo había contratado. Osiris regresó a la isla y consiguió una pistola.

"La peligrosa incertidumbre"

Ninguno de los miembros del somnoliento equipo del embajador de Estados Unidos en Cuba, Earl E. T. Smith, se atrevió a dar una respuesta definitiva cuando el diplomático preguntó en voz alta si alguien tenía idea de qué clase de gobierno impondrían los rebeldes del Movimiento 26 de Julio que a esa hora tomaban el poder en La Habana.

Eran las 10 de la mañana del primero de enero de 1959 y Estados Unidos no sabía si Fidel Castro era comunista. La revolución había llegado al poder.

"Nuestra información sobre el asunto hasta hoy es 'peligrosamente inconclusa'", había escrito Smith en un telegrama secreto el 4 de noviembre, tres días después del accidente del Vuelo 495, al pedir ayuda a sus jefes en el Departamento de Estado para establecer "más allá de cualquier duda" si el movimiento de Castro estaba penetrado por el comunismo internacional.[72]

Quizás fue esa desorientación política, esa "peligrosa incertidumbre", la que determinó en gran parte la confusión que se vivió en la sede diplomática en los días siguientes al triunfo de la revolución, cuando miles de estadounidenses, entre residentes,

---

72 Telegrama de la Embajada en Cuba al Departamento de Estado, La Habana, noviembre 4 de 1958, top secret. Hay seis líneas del telegrama que no han sido desclasificadas.

estudiantes y turistas, pedían información a su gobierno sobre cómo salir de la isla.

Las tropas de Castro y la Embajada, los dos centros de poder más organizados en medio del desconcierto, no sabían en qué dirección se movería el otro y cada uno seguía muy de cerca las maniobras del contrario. Ambas fuerzas pulsaron su autoridad procurando imponer sus órdenes. Estados Unidos estuvo a punto de enviar submarinos y fragatas de guerra para rescatar a los americanos. La feroz batalla ideológica vendría después y estaría marcada por esa misma sensación de incertidumbre que confesó Smith en su telegrama, pero esta vez a nivel presidencial. En efecto, el propio presidente de Estados Unidos, Dwight Eisenhower, a menos de cinco días del triunfo de la revolución, le reclamó al director de la CIA, Allen Dulles, porque "los elementos principales de la situación cubana no le habían sido presentados", según un reporte de la reunión.[73]

Minutos antes de que el avión que llevaba al depuesto dictador Fulgencio Batista a Republicana Dominicana partiera del aeropuerto de la base militar de Columbia, a las 4 de la mañana, la Embajada recibió una llamada del ministro de Relaciones Exteriores, Gonzalo Güell, anunciando la salida del país del dictador. Los principales funcionarios diplomáticos se reunieron en la Embajada y autorizaron la difusión radial de una advertencia a los ciudadanos estadounidenses para que permanecieran en sus casas y hoteles.

"Se esperaba en general que el colapso del gobierno de Batista resultaría en un quebrantamiento de las fuerzas del orden y desataría pasiones violentas que traerían el caos y el

---

73 Reunión del presidente con el director de la CIA Allen Dulles y otros funcionarios a las 9:55 a. m. el 26 de diciembre de 1958, según memorando preparado por Gordon Gray, encargado de la agenda del presidente.

derramamiento de sangre a la ciudad hasta que el orden fuese establecido por las fuerzas de la revolución", escribió el embajador Smith en su resumen de la jornada. Pero nada de eso ocurrió.[74]

El reto logístico de la Embajada era enorme. Cuba albergaba a 7839 residentes y 1300 turistas estadounidenses, la mayoría de los cuales quería saber qué hacer, a dónde ir, que pasaría con ellos. Por eso no fue sorprendente, aunque sí agotador, que en los primeros cuatro días de enero, la Embajada recibiera doce mil llamadas telefónicas en los seis aparatos que funcionaron día y noche en la Oficina de Bienestar (Welfare Office).

Los sentimientos de los norteamericanos en la isla tenían diferentes tonalidades de nerviosismo. Algunos lo tomaban tranquilamente, como una aventura, pero muchos querían salir de inmediato, intimidados por las versiones de los recientes secuestros de personal civil y militar cometidos por los rebeldes.

El embajador Smith tenía listo un plan de evacuación en el que todo estaba previsto, menos que el nuevo gobierno se opusiera a la salida de barcos y aviones de la isla. Castro y sus comandantes argumentaban que autorizar esa operación requería personal cubano que ayudara en el despacho de las naves y eso supondría la violación de la huelga general convocada.

Un telegrama enviado a Washington por Smith a las 6:43 de la tarde del primero de enero resumía así la situación de La Habana:

"Tenemos más de 200 americanos, la mayoría turistas, en hoteles del centro de la ciudad, y algunos estudiantes, pidiendo asistencia a la Embajada para regresar a Estados Unidos. El

---

74 Este relato está basado en los telegramas números 675, 676, 685, 690, 698, 699, 705, 721, 729, 732, 756, 761 y 784, enviados por la Embajada de Estados Unidos en La Habana al Departamento de Estado entre el 31 de diciembre de 1958 y el 7 de enero de 1959.

aeropuerto y el puerto de La Habana están cerrados. No hay taxis disponibles. Las calles están controladas por elementos irresponsables, la mayoría de los cuales están armados. Requerimos el envío de embarcaciones navales o comerciales para despachar los mencionados estadounidenses".

Un capitán de la Armada de Estados Unidos, identificado simplemente como Harris, anunció que ante la negativa del gobierno revolucionario tomaría una medida radical: despachar un submarino y dos fragatas de guerra desde Key West, a 145 kilómetros de Cuba, para coordinar la evacuación y enseguida ordenar la salida de otra embarcación con 250 marinos. El plan causó espanto en Washington, donde consideraban que la publicidad sobre semejante despliegue de fuerzas solo serviría para provocar una ruptura de las ya difíciles comunicaciones con los rebeldes.

El Departamento de Estado suspendió la operación y acogió una nueva solicitud del embajador: el envío del transbordador City of Havana desde Key West para recoger a mujeres, niños y hombres mayores de treinta y ocho años. Al mismo tiempo, la Embajada empezó a hacer gestiones para el traslado de ciudadanos americanos por vía aérea. Contaba con el ofrecimiento de la aerolínea Pan American de poner en funcionamiento un puente aéreo entre Cuba y Estados Unidos.

Desde Key West se anunció que el transbordador arribaría a La Habana en la tarde del dos de enero. Pero a las once de la mañana, la comandancia de Castro le comunicó a la Embajada que no autorizaba la llegada del barco ni la salida de aviones de Pan American para que la huelga continuara en pleno. La Embajada explicó que el embarque de pasajeros en el transbordador no requeriría del trabajo de ningún empleado.

Un poco antes de llegar la embarcación al puerto, los rebeldes autorizaron la evacuación, y para ello escoltaron al personal evacuado.

Tras una maratónica jornada, a las 8:45 p. m. el City of Havana partió sin ningún inconveniente rumbo al sur de la Florida con 508 pasajeros. Hasta ese momento, varios vuelos de Cubana de Aviación que salieron de Miami habían aterrizado en el aeropuerto de La Habana, llenos de exiliados cubanos que habían combatido a la dictadura de Batista y que regresaban a celebrar el triunfo de la revolución. La operación había sido autorizada por los comandantes rebeldes, pero con una condición que enfureció a la Embajada: los aviones debían volver a Miami sin pasajeros.

La Embajada esperaba que esas mismas aeronaves fuesen utilizadas para despachar a unos 800 turistas y residentes que esperaban en varios hoteles de La Habana. En ese punto, Smith propuso una solución del mismo tenor de la que impusieron los rebeldes.

"Se recomienda que el Departamento de Estado prohíba la salida de más cubanos de Estados Unidos hasta que se permita a los estadounidenses salir de Cuba", escribió en un mensaje al mediodía del dos de enero. No está claro si los revolucionarios conocieron esa amenaza. Lo cierto es que cedieron, pero pocas horas después el comandante rebelde Diego revirtió la decisión, sin dar mayores argumentos.

"No tiene idea de las repercusiones internacionales de sus actos", escribió Smith.

En las calles de La Habana se presentaban tiroteos entre los rebeldes y reductos de la policía de Batista. En esas condiciones, el embajador no encontraba un interlocutor válido del Movimiento 26 de Julio para examinar las opciones de evacuación.

Entre tanto, la Embajada era inundada con reportes de nuevos grupos de estadounidenses urgidos por abandonar la isla y versiones de que la comida en los hoteles empezaba a escasear. Desde Varadero se informaba que 80 estadounidenses esperaban ansiosos.

"Hasta ahora imposible encontrar personal suficiente autoridad permita vuelos comerciales estadounidenses o al menos obtener comida para americanos en hoteles", informó Smith en un telegrama enviado a las 5:32 p. m. del 3 de enero.

Desde Washington, el Departamento de Estado respondió:

"Esperamos que los representantes de Castro entiendan que cada acción de ellos está siendo observada de cerca en este país y que cualquier desliz de su parte puede perjudicar en forma permanente los sentimientos hacia ellos de parte de todos los estadounidenses".

A medianoche, por sugerencia de Carlos Piad, simpatizante de la revolución, se logró hacer contacto con el coronel Vicente León, quien fue identificado como jefe de la policía nacional del régimen de transición. León dijo que comprendía la situación pero que en ese momento sus compañeros, incluido el comandante Diego, estaban repeliendo los ataques armados o en un puesto de policía de La Habana. Dos horas después, Julio Duarte, un coordinador civil del movimiento insurgente que había viajado en la noche desde Santiago a La Habana por instrucciones de Raúl Castro, autorizó la salida en avión de los ciudadanos estadounidenses, aunque advirtió que los británicos y canadienses no tendrían el mismo tratamiento, en represalia por la reciente venta de armas a Batista.

Tres equipos de funcionarios consulares y del Servicio de Inmigración y Naturalización (INS) se presentaron en los hoteles Capri, Hilton y Nacional, Riviera y Presidente para adelantar la documentación de los pasajeros. Una caravana de carros de la Embajada se unió al convoy de los rebeldes que escoltaron a los evacuados desde el Hotel Nacional hasta el aeropuerto Rancho Borreros. La caravana empezó a las siete y media de la mañana.

El primer vuelo, operado por Cubana de Aviación, salió a las nueve de la mañana y a partir de ese momento se despachó un avión cada 20 minutos a Miami, con excepción de un vuelo que llevó a 90 personas a Nueva York. Los pasajeros debían pagar el boleto a precios normales.

A la 1 p. m. del 4 de enero, el transbordador City of Havana salió con 300 estadounidenses más.

"Nos complace anunciar que ningún estadounidense ha sufrido heridas", reportó Smith ese día.

A las 5:09 de la tarde del tres de enero, la Embajada reportó la evacuación de 1722 personas. El último vuelo con estadounidenses salió dos días después, a las 11 p. m. La huelga había sido levantada. En total, la Embajada tramitó la salida, por mar y aire, de 2073 personas, de las cuales 813 partieron en barco a Key West; 1080 por avión a Miami desde La Habana y Varadero, y 180 a Nueva York.

"No hay más planes de evacuación en este momento en vista terminación de la huelga, pero la Embajada prepara nuevas operaciones si la situación se altera", escribió Smith.

La tragedia del avión de Cubana había quedado sepultada por la avalancha de los acontecimientos. Ya nadie hablaba de los muertos de la Bahía de Nipe.

A los pocos días del triunfo de la revolución, Ricardo Zúñiga, el odontólogo del central Preston saludó desde el jardín de su casa a Martin Laffie, el administrador del central, que caminaba por la calle del pueblo, uno de sus pasatiempos favoritos después del golf. Estaba muy contento porque había triunfado la revolución, recuerda Zúñiga. "Fue tan incauto, me dijo: 'ahora todo se va a normalizar', en el sentido de que el negocio sería más estable. Lo engañaron porque a las pocas semanas ya los rebeldes habían ordenado la incautación del central. Los americanos se fueron el cinco de junio de 1961".

SOLANGE

"Fidel había ganado la revolución. Un tiempo después, no sé
si fue una semana o tres o cuatro días, ya habían dicho que
Raúl y Fidel iban a bajar de la loma. Mi papá estaba en el trabajo del central y la oficina quedaba a dos cuadras de la casa y
oí bulla afuera y miré por la ventana y vi milicianos con barba,
y yo dije esos no son milicianos de aquí, sino de los que bajaron, y entonces me fui a vestir corriendo, me acuerdo que mi
papá entró a la casa. En aquel entonces las muchachas jóvenes
se ponían unos pantalones muy apretado elásticos, me acuerdo
que me los estaba metiendo, y le dije 'papi, hay unos barbudos
ahí afuera', y me dice 'sí, te traje uno', y era Edmundito, que

estaba detrás, y él me dice, ¿Con que barbudo, no? ¿Qué tal prima? Estaba bastante barbudo. Él se quedó. Le dijimos a la cocinera que preparara comida, él y los que estaban con él, comieron. Y fuimos a dar una vuelta. Todos querían venir a hablar con él a conocerlo y saludarlo, entonces nos fuimos a un lugar afuera del central donde no había casas y había mucho terreno con pasto y árboles. Yo le pregunté dónde conseguiste ese carro que estaba manejando, y me dijo de uno de los gusanos que fusilamos. Estando en Cuba uno se acostumbraba a los cambios de gobierno y a las muertes. Me acuerdo que viviendo en El Vedado, nos levantábamos por la mañana, cogíamos el periódico y decía que habían encontrado gente muerta en El Laguito, un reparto de casa muy caras, cerca del Biltmore. Y mataban la gente y las tiraban a El Laguito. Todos los días amanecía gente muerta. El carro estaba lleno. Todas esas cosas que tienes en el carro, le pregunté, y dijo todas esas cosas eran de ellos [de los gusanos]. También tenían una bazuca en el baúl. Y entonces él me dijo si quieres te enseño a usarla, y estaba en ese espacio de hierba, me dijo arrodíllate en un pierna, me arrodillé y con la otra levantada, me puso la bazuca en el hombro y me dice ahora tu miras por aquí y otra persona te pone las balas atrás. No tiramos, él solo me enseñó. A mí me gustaba eso, cuando llegamos a Estados Unidos, yo quería ser policía. Para mí él era un héroe en ese momento. Pasó todo el día con nosotros, puede ser que hasta la noche, no me acuerdo. Conmigo no habló nada del avión, o si lo dijo no me acuerdo, yo lo que sí sé y no sé si es que él lo dijo ahí o me enteré por mi papá, es que los guajiros lo habían sacado del agua porque él estaba herido, y lo habían llevado para Sierra Cristal y ahí tenían un hospital, y lo atendieron, lo llevaron a un hospital revolucionario en las lomas.

Yo escuché que él fue *reprimended* [amonestado] y que no le permitieron hacer lo que él quería".[75]

El anterior es el relato de Solange Ponce de León, prima de Edmundo. El episodio descrito ocurrió en el Central Perseverancia de Cienfuegos. El autor visitó a Solange en su casa de un suburbio de Los Ángeles, California, en octubre de 2008. Seguía la pista de la vida de Edmundo Ponce de León. Buscaba historias de sus días de niñez en Cuba, de la juventud en Nueva York y quería conocer qué pensaban sus parientes.

Solange está retirada con su marido, un bibliotecario norteamericano que guarda 7,500 libros en una habitación de su casa. La vida de la pareja en un barrio de las laderas de un cerro de la ciudad es muy tranquila. Cuando se quiere ganar unos dólares extras, aparte de su pensión, ella asiste a la grabación de comedias de televisión y recibe un pago por aplaudir y reírse a la fuerza, preferiblemente a carcajadas.

"No es fácil tener en la familia al sospechoso del primer secuestro en la historia de la aviación de Estados Unidos", me dijo de entrada el día que la conocí. Una tarde entera la mujer se dedicó a hablar de su primo y del desprecio que ahora sentía por él.

¿Por qué quiere hablar?, le pregunté y me respondió:

"Porque tengo dos veces el apellido Poveda y tengo el doble de cojones que mis otros primos que se quedaron callados". También me explicó que había llegado la hora de hablar porque le había cumplido a su padre Rogelio la promesa de que hasta después de su muerte no tocaría el tema públicamente. Rogelio era hermano del padre de Ponce de León.

Solange comenzó a relatar el historial de su familia usando frases que empezaba en inglés y remataba en cubano. Ayudaba su memoria con una nítida fotografía tomada en 1947 en el

---

75   Entrevista con el autor en California, octubre 29 de 2008.

amplio pasillo de entrada a la casa de sus abuelos en Lawton, La Habana. Es una de esas fotos cargadas de historias inéditas.

Al centro se ven los abuelos, Rogelio Ponce de León, entonces jefe de fabricación del Central Perseverancia, y a su lado la abuela Consuelo Poveda, ama de casa. Alrededor, tanto sentados como de pie están los tíos y tías, primos y primas. A la izquierda, de pie, el papá de Edmundo que tenía el mismo nombre, y su mamá Blanca Acevedo. Al lado derecho, vestido de blanco, con corbata y pañuelo a la vista, el hermano de Solange, Rafael "Felo" Ponce de León, ingeniero de Georgia Tech, que se casó con la estadounidense Martha O'Neal, la mujer a su lado con un vestido de flores. Sentado a la derecha, Rogelio Ponce de León, el único que sonríe del grupo. Era el padre de Solange, la niña sentada en flor de loto a la izquierda. Rogelio trabajaba como contador del Central Perseverancia, en Ciego de Ávila, provincia de Cienfuegos, al sur de La Habana. A su lado María Poveda, la madre de Solange.

Cuando Fidel Castro estaba en la sierra, la madre de Solange confeccionaba día y noche con sus vecinas banderas del 26 de Julio y cosía los escudos a los uniformes de los revolucionarios. Solange salía a vender bonos de la revolución y a repartir panfletos. "Éramos fidelistas, para mí era *fun* [divertido], no era idealismo".

A la vuelta de quince años la familia de la fotografía estaba dividida por la revolución, la muerte, el dinero y las distancias. Martha O'Neal, la norteamericana, fue arrestada por actividades contrarrevolucionarias en 1960. Se separó de su esposo Felo, el ingeniero, quien se mantuvo fiel a la revolución. El famoso negociador norteamericano James Donovan logró la liberación de O'Neal en 1962 como parte de un intercambio de prisioneros con el gobierno de Castro.

Los padres de Solange salieron de Cuba luego de que ella fue enviada a un internado en Oregón, temiendo que el colegio de La Habana fuese intervenido por la revolución. Un primo de la foto terminó preso tras la fracasada invasión de Bahía Cochinos, otro se enroló en la CIA después de asilarse en la Embajada de Italia en La Habana. A la izquierda, en la foto, sentado con cara de impaciente está Edmundo Ponce de León, Edmundito, como le decían en la familia, vestido de blanco. Lleva zapatos blancos. A su lado está su hermana Magaly, quien le tenía terror al carácter de Edmundito, según Solange. Los hermanos se odiaban.

Solange contó que Edmundo llegó con su familia a Nueva York cuando tenía unos siete años. Su padre se dedicó a trabajar en construcción. A raíz de un grave accidente de tránsito que sufrió su madre, se mudaron a Miami en búsqueda de un mejor clima para sus achaques. En la familia se sabía que Edmundo simpatizaba con la revolución y que gracias a su carné de veterano de la Fuerza Aérea se le facilitó conseguir las armas para el secuestro del avión en Miami.

"Mi papá me dijo que él salió de las fuerza aérea [de Estados Unidos], uno tiene que hacer reservas, él estaba en la reserva y tenía acceso a municiones, y él quería robarse las armas y llevárselas para Cuba y el contacto que él tenía en Miami le dijo no porque estamos terminando la revolución y no queremos problemas, pero él lo hizo de todas maneras. Él se robó las armas de un *armory* (armería) así que tiene que haber un récord de armas *missing* (perdidas). Tengo entendido que eran 15 a 18 *suitcases* (maletines) llenas de armas y municiones. Esto lo supe por mi papá".

Desde antes del encuentro de Solange con Edmundo en el central azucarero, la familia sabía que el joven había sobrevivido al accidente.

"Toda la familia sabía que Edmundo se había robado el avión y que estaba en la loma con Fidel y con Raúl que era un sinvergüenza", dice Solange.

Solange dijo que tenía una razón personal para despreciar a Edmundo. Ella había tomado partido por su querida prima Magaly, la hermana de Edmundo, en una agria disputa civil por la herencia de la casa de los Ponce de León en Miami. Edmundo alegaba que el testamento solo lo reconocía a él como heredero y Magaly sostenía que Edmundo había falsificado el documento. En medio de ese litigio, a Magaly se le ocurrió atacar a su hermano por donde sabía que más lo lastimaría: el secreto del secuestro del avión de Cubana de Aviación.

Magaly Toohey, así es el apellido de casada de la hermana de Edmundo, le comentó a su abogado en Miami, Stephen Loffredo, que yo había escrito que Edmundo era uno de los sospechosos del secuestro del avión.

En marzo de 2008, al estilo de otros días y quizás para dejar una constancia de su gestión, el abogado de Magaly me hizo llegar al periódico *El Nuevo Herald* por correo regular una impecable carta en papel amarillo que parecía escrita a máquina. El contenido de esa carta me acercó más que cualquier otro esfuerzo anterior de mi investigación periodística a la reiterada hipótesis de que Edmundo era, en efecto, uno de los secuestradores del avión. Loffredo decía en su mensaje que Edmundo había sido uno de los piratas que secuestró el avión y atribuía esa versión a la hermana. El abogado terminó la carta pidiéndome que lo pusiera en contacto con Omara, la testigo estrella del siniestro. A Loffredo no le quedaba difícil haber buscado por su cuenta a Omara en Miami, lo que me hizo pensar que su verdadero interés era hacer publicidad del caso.

Hasta ese momento, las únicas pruebas que comprometían a Edmundo en el secuestro del Vuelo 495 eran los recortes de prensa de la época que lo mencionaban como uno de los secuestradores, citando fuentes oficiales, en general anónimas. En otros casos aparecía como una de las víctimas que perecieron en el desastre aéreo. Para mí fue una extraordinaria sorpresa enterarme de que vivía tranquilo en Estados Unidos, como si hubiera sido un pasajero más que sobrevivió a la ordalía y que además acudía al sistema judicial de este país para quedarse con la casa de sus padres.

La carta del abogado y una conversación que sostuve con él le dieron un impulso definitivo a otra etapa de la investigación: la visita a los Archivos Nacionales en Washington. Los Archivos Nacionales son la memoria histórica de la diplomacia estadounidense. En sus anaqueles, cuidados como si fueran una planta nuclear, reposan cientos de millones de documentos civiles y militares de las agencias del gobierno y sus embajadas en todo el mundo; más de doce millones de fotografías; 118 000 películas que empiezan desde la toma de posesión del presidente William McKinley en 1897, más de 170 000 grabaciones, unos once millones de mapas y fotografías aéreas y 285 000 artefactos de museo. Además de la satisfacción morbosa de tener acceso a documentos que alguna vez fueron ultrasecretos, la lectura de la correspondencia de las embajadas encierra el placer de conocer la realidad del país a través de las antiparras imperialistas de los embajadores gringos. Sus reportes son ensayos costumbristas fascinantes, escritos casi siempre con una actitud de sorna y arrogancia, en particular cuando se dedicaban describir el caos y la improvisación del país anfitrión, pero con la acuciosidad de los legendarios cronistas americanos.

Fue en esos archivos en los que descubrí documentos inéditos de comunicaciones entre la Embajada de Estados Unidos en Cuba y el Departamento de Estado que señalaban a Edmundo Ponce de León como uno de los secuestradores del avión, y que he citado profusamente en los anteriores capítulos.

Cuando llamé a Loffredo me dejó entrever su estrategia legal en el caso de la herencia. Quería demostrar al juez que a una persona que había sido capaz de un acto tan perverso como asaltar un avión y obligar a una tripulación a un aterrizaje suicida, no le temblaría la mano para falsificar un testamento. Llamé a Omara para ponerla al tanto del litigio pero ella ya estaba enterada. Solange, la prima de Edmundo, la había contactado para convencerla de que rindiera testimonio en la Corte acusando a Edmundo del secuestro del avión. Omara no estaba dispuesta a hacerlo. Por el contrario, la propuesta le causó indignación. Me dijo: "Ahora sí se acordaron de nosotros, por una miserable casa, cuando nuestro caso es de gente muerta y terrorismo". A Omara le molestó además que Solange, quizás por ganarse su confianza, le hizo una broma de mal gusto al preguntarle cómo se podía levantar tranquila todos los días sabiendo que vivía frente a una calle que lleva el nombre del criminal que destrozó su vida. Omara tenía su residencia entonces sobre una avenida de la ciudad de Coral Gables que lleva el nombre del fundador de la Florida, Juan Ponce de León.

La verdad es que Omara no se levanta tranquila en ninguna parte del mundo. Todos los días de su vida, así sea por un instante o en horas enteras, su mente vuelve a ese fatídico primero de noviembre de 1958 y su rabia parece siempre renovada cuando recuerda la indiferencia del mundo hacia la tragedia.

Visité en marzo de 2008 a Loffredo en su oficina al norte de Miami. Me dijo que Magaly le había dicho que su hermano

Edmundo se había entrenado en Miami para otras operaciones contra el régimen de Batista. Una de esas operaciones requería un bote pero aparentemente fue cancelada porque Edmundo chocó la embarcación en costas de la Florida.

Para la fecha de mi visita, Loffredo había citado a Edmundo a declarar en el proceso a través de una figura jurídica que se conoce en inglés como *deposition*, un careo o testimonio frente a los abogados de las partes, no necesariamente ante el juez. De todos modos, el careo pasa a formar parte del expediente. En principio la declaración es pública, pero por uno de esos tecnicismos de las leyes estadounidenses, si la transcripción no ha sido aportada físicamente al expediente o sea que solo se encuentra en los archivos electrónicos del estenógrafo, los periodistas quedamos supeditados a la buena voluntad de los abogados de las partes para tener acceso a ella.

Hasta ese punto Loffredo me había prometido que me entregaría una copia inmediatamente después de que la declaración fuese tomada. Pero en las semanas siguientes las cosas dieron un giro inesperado. El careo se realizó, y cuando llamé a Loffredo y a la abogada de Edmundo, Josie Pérez Veliz, para la copia de la transcripción, ambos se opusieron.

Un poco incómodo, Loffredo me explicó que pese a que Pérez era la abogada de la parte contraria, había aceptado su petición personal de no revelar el contenido del testimonio porque eso podría perjudicarla en sus aspiraciones para ser elegida juez del condado de Miami-Dade. El abogado dijo que estaría dispuesto a entregarme la declaración después de elecciones.

Josie Pérez estaba en campaña para el juzgado del Circuito 11, y en una ciudad donde los cubanos podían definir su suerte electoral, con seguridad que no saldría bien librada si se revelaba que representaba al sospechoso del primer secuestro de aviación en la historia de Estados Unidos, perpetrado por rebeldes procastristas. Cuando Loffredo terminó de explicarme su disculpa de no entregarme la transcripción del interrogatorio, le dije que de todos modos se sabría que ella defendía a Edmundo pues tendríamos que decirlo en la serie de artículos que planeábamos publicar antes o después de elecciones. El argumento no sirvió. Loffredo no quiso entregarme el testimonio.

Las semanas pasaron. Mientras que visitaba los archivos de Washington y luego a Solange, Pérez perdió las elecciones. Llamé a Loffredo a pedirle el testimonio, y me lo volvió a negar. Esta vez me dijo que le daba cierta lástima con Edmundo porque le parecía un buen tipo, un hombre servicial que incluso le había ayudado con algunos quehaceres de la oficina. Magaly, la hermana de Edmundo, pidió que no la volviera a llamar para conocer su versión sobre los hechos.

La declaración de Edmundo continúa siendo un secreto.

Duelo y venganza

La pena estaba consumiendo a Osiris Martínez. En un hotel de Cárdenas donde se hospedó los primeros días de su regreso a Cuba, pasaba horas enteras hablándole a las fotografías de sus hijos y su mujer. "Me estaba enloqueciendo", recuerda.

Osiris quería matar a uno de los secuestradores del vuelo en el que perdió a su familia. Su hermano, un líder azucarero del central Chaparra que ya había sido despedido de su cargo por la revolución para ser reemplazado por el empleado que menos lo quería, le había indicado dónde vivía el pirata.

Pero antes, Osiris se aseguró de pedirle una audiencia a Fidel Castro a través de su secretario, Juan Orta. Quería hacerle el reclamo de frente; quería saber por qué lo hicieron, quién ordenó la operación y quería que se enterara de su tragedia personal. Orta le prometió que se lo haría saber a Castro pero le impidió el acceso directo a su oficina, en un primer intento de Osiris.

Un día de junio de 1959, en su peor momento de postración, Osiris le pidió a un médico amigo de la secundaria que le diera un salvoconducto para portar armas. El médico accedió y Osiris tomó su Impala último modelo y manejó hasta Puerto Padre, donde, según su hermano, estaba situada la casa de un secuestrador sobreviviente. Llevaba una pistola que le ayudó a conseguir su hermano. En el camino, un soldado barbudo de la revolución lo detuvo. Le pidió los papeles del automóvil, y simuló que los estaba leyendo.

"Los tenía al contrario, el pobre no sabía leer y me dejó seguir", comenta.

El relato de Osiris se vuelve confuso en este punto pues está convencido de que el pirata aéreo que buscaba era Raúl Rolando Rodríguez Villegas. Según los investigadores de la Embajada enviados a Preston, Rodríguez murió en el desastre aéreo. Su cuerpo deformado por el impacto fue hallado en la bahía. Luego la revista *Bohemia* publicó un obituario que lo identificaba como el jefe de la misión.

Osiris recuerda que llegó a la casa del hombre en un barrio humilde. "Había una suciedad y un montón de niños me miraban". Tocó la puerta y por el resquicio se asomó el secuestrador, desconfiado y temeroso. Osiris llevaba la pistola en el bolsillo. El hombre le preguntó que quería y él le respondió que saliera que debía hablar con él algo muy importante.

El hombre salió. "Yo lo reconocí, era un señor delgado, no muy alto, de 5.7 pulgadas lo reconocí, él fue el que estuvo frente a mí, con mi esposa en el avión". Osiris le recordó quién era él. ¿Por qué lo hicieron?, le preguntó sin rabia y el hombre le respondió que querían unirse a la revolución contra Batista en las montañas. Es lo único que recuerda Osiris.

"Empezó a relatarme la historia, y no pude ni pensar en la pistola. Cuando vi la miseria aquella, con todos esos niños a mi alrededor y su esposa, ni me acordé".

Osiris regresó a La Habana con el proveedor de la pistola completo y a las pocas semanas recibió una carta de Raúl Castro invitándolo a su despacho. La carta le produjo un espanto repentino. Se le metió en la cabeza que algo terrible le podía pasar si acudía a la cita y recordó que los días anteriores ya habían ocurrido cosas extrañas. En un retén donde fue detenido para una requisa rutinaria, a un cabo revolucionario se le disparó un tiro supuestamente en forma accidental que casi lo alcanza a él. En otro retén, ante el cual no pudo detenerse de inmediato porque manejaba por encima del límite de velocidad, los guardias le hicieron varios disparos.

"Fidel tal vez le dijo a Raúl tráelo aquí a ver qué podemos hablar y yo cogí miedo y como ya me había dicho el presidente del Trust Company de Canadá, el banco de Cárdenas, saca tu dinero, tenía 6000 dólares y un Impala que querían quitármelo, salí de Cuba con el coche en el *ferry*. Mis amigos americanos se quedaron ahí y perdieron porque al otro día Fidel les cambio los dólares por la moneda cubana que no valía nada. Ya mi hermano me había dicho, vete, que esto es comunismo".

Osiris salió de Cuba a mediados de 1960. Se había casado con una compañera de trabajo de la fábrica, quien le ayudó a cargar con su pena. Con ella tuvo dos hijos. En 1972 fue recluido en una clínica de reposo de la que salió un tiempo después. Desde entonces está medicado con un fuerte antidepresivo. A mediados de 2010, con el propósito de saludarlo y precisar unos detalles para este libro, lo llamé a su casa en Miami y me respondió de entrada que estaba atravesando por una profunda depresión y no tenía ánimos para hablar con nadie.

Reclamo

María Bray de Medrano, Chichita, la viuda del capitán Medrano, recuerda que Fidel Castro estaba acostado bocabajo sobre una cama de la suite del piso 23 del Hotel Habana Hilton donde despachaba los primeros días del triunfo de la revolución, cuando ella le preguntó: "Señor Castro, ¿puedo hablar con usted?". Castro se volteó perezosamente de un lado y vio los tristes ojos azules de la mujer, pero no respondió, y siguió leyendo un periódico en el que aparecía una foto de su hijo Fidelito. En medio del bullicio que hacían los guerrilleros barbudos que entraban y salían de la suite, la mujer vestida de luto insistió: "Yo soy la viuda del capitán Medrano".

El puesto de mando de Fidel, así lo llamaban los revolucionarios, funcionaba en la suite 2324 del hotel que un año después se llamaría Habana Libre en la céntrica avenida de 23 y M del Vedado. En ese lugar en el que atendió durante los primeros tres meses, Castro "daba entrevistas, efectuaba reuniones y si podía dormía algo", dice el periodista cubano Juan Marrero.

Al escuchar la frase de que ella era la viuda del capitán Medrano, Castro se sentó de un salto en la cama, y prestó atención.

"Se levantó a la velocidad de un cohete porque él todo lo arregla, es un artista".

Chichita le dijo que ella quería saber cómo había muerto su esposo, Ruskin. La viuda del piloto nunca recibió una versión oficial del nuevo gobierno, pero se impuso silenciosamente la tarea de escuchar la explicación de boca del propio Castro, y lo logró.

María, de treinta y cinco años, se las ingenió para llegar al custodiado piso del hotel, por pura rabia, según dice. En la puerta principal del edificio, un rebelde le dijo que tenía que hacer la larga cola que serpenteaba el edificio a lo largo de dos cuadras, a lo que respondió: "¿Puede creer que yo no voy a hacer la fila?, yo necesito ver al señor Castro". El hombre la dejó pasar y después de flanquear los ascensores y los vigilantes más cercanos de Castro, llegó a la suite.

"Usted me hace el favor de decirme, señora, le preguntó a una mujer que ella cree que era Celia Sánchez, ¿ese señor que está ahí acostado es Camilo [Cienfuegos]? La mujer le respondió: "No, no, ese es Fidel"

Hay imágenes de ese día que hoy la viuda no puede olvidar y que le saltan a la memoria con increíble precisión. Chichita recuerda que había mesas impecables con manteles azules para la cena de Castro y sus hombres; un mapa que usaron para mostrar la ruta del avión accidentado, y un detalle que le causó repugnancia: el comandante Castro se limpiaba los restos de pollo de las encías metiéndose un dedo en la boca que luego se chupaba.

Cuando lo vio acostado en la cama, Fidel estaba celebrando lo guapo que aparecía su hijo Fidelito en la foto del diario. Luego de que la viuda se presentó, Castro la invitó a sentarse en la cama, al lado de él.

Entre los rumores sobre quién podría haber ordenado el secuestro del avión, la señora Medrano escuchó que había sido la gente de Fulgencio Batista. El propio Castro se encargó de desmentir esa versión, pero le aseguró que ellos tampoco tenían que ver con el secuestro.

"Esa orden yo no la di, esa orden fue por la libre", le respondió Castro suavemente, sin grosería, recuerda la señora Medrano. "Fue entonces cuando llamó a tres o cuatro peludos que había por ahí y les dijo 'explíquenle a esta señora [en el mapa] qué cosa fue lo que pasó', yo no presté atención". Castro le recalcó que aunque él no había dado la orden, respondería por la educación de sus hijos, Patricia, de diez años, y Miguel, de cinco años, y que pondría a su disposición una casa. "El lo que quería era limpiarse lo más rápido posible", comentó María.

A los pocos meses, la viuda aceptó el cargo de recepcionista del Instituto de Ahorro y Vivienda. Para su sorpresa, Castro empezó a visitarla por lo menos una vez al año durante sus inspecciones oficiales a la entidad. "Me quedé viuda, sin plata, él fue en varias ocasiones y me dijo que me quería regalar una casa y pagar los estudios de mis hijos. Algunas veces fue allí y me reconocía. Nunca le acepté nada, no quería nada que viniera de él. Él mandaba a cerrar las puertas y se ponía a hablar conmigo como si hubiera sido amigo mío", recordó.

Las visitas de confianza de Castro a la viuda se conocieron en el mundo conspirativo antirrevolucionario de La Habana y de Miami y no pasó mucho tiempo, según ella, hasta que alguien le propuso un plan para matarlo. La persona, a quien Chichita nunca quiso identificar, quería que invitara al comandante a un lugar en Oriente y allí envenenarlo. María lo pensó, pero cuando debía tomar la decisión final, se arrepintió.

"Pensé en mis hijos" dijo. "Que lo quite el que lo puso".

WIELAND

En la salita de reuniones de un avión DC-3 adscrito al agregado aéreo de la Embajada de Estados Unidos en México, varios funcionarios discutían el tema de moda en el mundo diplomático occidental: si Fidel Castro era o no comunista, y desde cuándo. El vuelo había salido de Distrito Federal y se dirigía a Mazatlán, donde Milton Eisenhower, hermano menor del entonces presidente de Estados Unidos, pasaría un fin de semana con el mandatario mexicano Adolfo López Materos.

Esa tarde del 22 de agosto de 1959, la conversación tenía como objetivo inicial poner en antecedentes a Eisenhower, entonces presidente de Johns Hopkins University, sobre la situación de América Latina así como el pasado y el futuro de Fidel Castro. Pero el tema se concentró en el líder cubano y la temperatura de la discusión fue en aumento a medida que uno de los contertulios refutaba la opinión de los demás respecto al líder revolucionario. El porfiado contradictor era William Wieland, jefe de la División del Caribe y México del Departamento de Estado. Para él no existían evidencias concretas y sustentables de que Fidel o su entorno tuviesen conexiones comunistas. La revolución no había cumplido ni un año. Sentados frente a Wieland estaban Robert Hill, embajador de Estados

Unidos en México, Raymond Leddy, consejero político de la Embajada de Estados Unidos, y el coronel Benoid E. Glawe, agregado aéreo. Los tres coincidían en que existían numerosas pruebas de que Castro era comunista.

"Yo apunté que la información que nosotros teníamos disponible indicaría en mi pensar que Castro era, él mismo, procomunista", recordó Leddy. Pero Wieland seguía insistiendo en que no era así y que él, como superior de los diplomáticos presentes, tenía un mayor acceso a los documentos de la CIA y el FBI.

Hill no soportaba la personalidad de Wieland. Pensaba que era un "incompetente", "oportunista" y "postergador", una persona en quien no se debía confiar. Durante el vuelo Hill llegó a un punto en que no soportó más las continuas interrupciones de Wieland, y sin perder la compostura, le dijo:

"No recuerdo que se le haya pedido que esté en esta conversación. El doctor Eisenhower ha acordado escuchar a hombres de integridad y experiencia en América Latina".

Hill precisó que sus argumentos sobre las conexiones de Castro con el comunismo se basaban en un documento conjunto de inteligencia de junio de 1959 y al cual Wieland no tuvo acceso. Wieland volvió a repetir que no había pruebas de la infiltración comunista en Cuba, lo que exasperó a sus contertulios dejando la conversación en un punto muerto.

Fue entonces cuando el coronel Glawe comentó: "Estoy en desacuerdo con el señor Wieland. A mi juicio, él es un procomunista o un tonto".

Visiblemente incómodo con la discusión, Eisenhower dijo que no quería saber más del asunto, se puso de pie y caminó a la parte delantera de la cabina del avión llevándose con él un episodio que nunca se supo si compartió con su hermano presidente. La terquedad le salió cara a Wieland. Este y otros incidentes serían motivo tres años después de extensos interrogatorios del Congreso de Estados Unidos al enigmático funcionario para disipar las sospechas de que ocultó o subestimó información sobre los vínculos de los hermanos Raúl y Fidel Castro con el comunismo.

Si bien el ambiente de irritación y desconcierto que se vivía en el gobierno de Estados Unidos después del triunfo de la revolución cubana por las terribles fallas en las alarmas anticomunistas, generó actitudes inquisitoriales despreciables en la búsqueda de responsables, las transcripciones de los interrogatorios a Wieland en la subcomisión investigadora del Senado en 1962, dejan varias dudas sobre el papel que jugó el funcionario en el manejo de la información de las verdaderas intenciones del Movimiento 26 de Julio.[76]

En las largas y agotadoras audiencias de noviembre las respuestas de Wieland a los congresistas muestran al ex diplomático muy memorioso y preciso al responder por informaciones irrelevantes, pero evasivo y en ocasiones contradictorio a la hora de recordar hechos relacionados con los signos tempranos del comunismo en la revolución cubana. Amparándose en la consabida respuesta del "no recuerdo", Wieland dejó a los congresistas en ascuas cuando estos quisieron indagar un poco más sobre la acalorada conversación a bordo del avión militar.

"En mi opinión, el señor Wieland parecía defender el régimen como si este no fuera comunista", declaró Glawe a la comisión parlamentaria. Wieland dijo que no recordaba el incidente durante la conversación en el avión.

---

76 Testimonio de William A. Wieland ante la subcomisión de investigación de la Ley de Seguridad Interna y otras leyes de seguridad interna, Comisión Judicial del Senado de Estados Unidos, parte 5, del 9 de enero al 8 de febrero de 1961.

El congresista Jay Sourwine expresó en este punto su extrañeza de que Wieland olvidara tan fácilmente un episodio no muy lejano en el tiempo y en el que participó nada menos que el hermano del presidente de Estados Unidos.

"¿Es concebible que usted no recuerde un incidente como esos en presencia del hermano del presidente?", le preguntó el congresista.

"Pudo haber sido dicho en un avión ruidoso y que yo no haya escuchado ese comentario. No recuerdo ese comentario", respondió Wieland.

Sin embargo explicó que posiblemente fue malinterpretado en la discusión del avión. "Lamento si ellos lo interpretaron de otra manera", agregó. Wieland siempre negó haber sido un agente comunista y en los debates del Congreso aseguró que Castro era peor que Batista. "Considero al señor Castro como un demagogo irresponsable y radical, un hombre irresponsable y ciertamente no representaba algo bueno para Estados Unidos ni para Cuba".

Wieland, quien nació en Nueva York, no terminó ninguna carrera. Su padre murió cuando él tenía cuatro años y su madre se casó con el venezolano Manuel Ralph Montenegro quien llevó a su nueva familia a vivir a La Habana a mediados de los años veinte. En Cuba, el joven Wieland aprendió español en Ruston Academy de La Habana para luego regresar a Estados Unidos donde se enroló en el ejército bajo el nombre de Monty Wieland. Antes de empezar su carrera diplomática, se dedicaba al periodismo. Trabajó para agencias de noticias en Cuba y para el *Havana Post*. En su solicitud de trabajo ante el Departamento de Estado, señala el periodista Alfonso Chardy, un experto en el oscuro personaje, Wieland omitió que había sido despedido de un periódico de La Habana por supuestamente plagiar noticias de servicios cablegráficos. En otros documentos se registró con el nombre de Guillermo Arturo Montenegro, el apellido de su padrastro, y como William Montenegro.

"Mientras la guerrilla de Castro combatía a los soldados de Batista en la isla, Wieland laboraba en la oscuridad en Washington escribiendo memos que describían a Castro como un moderado", escribió Chardy. "Cuando Castro clamó victoria e impuso el comunismo, la carrera y la credibilidad de Wieland quedaron en ruinas".

Por las manos de Wieland pasaron múltiples reportes del accidente de Cubana de Aviación de noviembre de 1959 que hablaban de la complicidad del Movimiento 26 de Julio en el desastre aéreo. Los documentos no dejaban dudas de la existencia de armas a bordo del avión y citaban serios indicios de la fuga de tres secuestradores. Sin ser escandalosos, contenían descripciones desgarradoras del drama que vivió Osiris Martínez, un ciudadano estadounidense casado con una mujer de Tennessee y con tres hijos gringos. En un párrafo de los informes confidenciales, los vicecónsules describieron el día en que Martínez, con las costillas rotas y atolondrado, tuvo que reconocer, en la improvisada morgue del hospital, medio torso de uno de sus tres hijos que había sido atacado por los tiburones, así como el cadáver de su esposa.

Pero la información revelada por el gobierno de Estados Unidos sobre el accidente fue muy escueta y sospechosamente tersa si se considera que esta calamidad, sin exagerar una pisca sus implicaciones para un mundo todavía novato en materia de terrorismo, le ofrecía a Washington justas razones para denunciar un incidente internacional como lo sabe hacer cuando el asunto le concierne. De hecho, el secuestro del avión de Cubana y la muerte de la mayoría de sus pasajeros, fue una provocación igual de grave que el secuestro de los *marines* de la base Naval de Guantánamo en junio del año anterior. En el primero no hubo muertos, en el segundo once, de los cuales cuatro eran americanos. El primer incidente provocó discusiones sobre una posible invasión a la isla. El segundo quedó en el olvido.

Congresistas de ambos partidos atacaron sin piedad al presidente Eisenhower por no tomar medidas fuertes contra los rebeldes en el secuestro de los *marines*. "Los titulares cuentan la historia de la decadencia del prestigio de Estados Unidos. Hombres del aire de Estados Unidos son hechos prisioneros en Alemania Oriental, 30 estadounidenses secuestrados por rebeldes cubanos. Qué enfermizo recital de insulto y daño a Estados Unidos y los estadounidenses", exclamó Robert Byrd, demócrata por Virginia.

En el caso del avión de Cubana, el nexo de los rebeldes con el secuestro no produjo titulares de primera página ni debates en el Congreso. La información fue reducida a su más mínima expresión y por consiguiente no hubo controversias ni llegó a considerarse como un incidente internacional. Wieland murió en 1987 a los setenta y nueve años.

Cuando el personaje estuvo a cargo del protocolo de la visita de Castro a Nueva York, se encontraba entre los comensales que rodeaban al gobernante cubano en el almuerzo que le ofreció el secretario de Estado, Christian Herter. Aprovechando que tenía al líder revolucionario a poca distancia, Wieland quiso darse cierta importancia y se presentó: "Doctor Castro: yo soy la persona que maneja las cosas de Cuba", a lo que Castro respondió: "Perdóneme, pero quien maneja las cosas de Cuba, soy yo".[77]

---

[77] "A mí también me convenció Fidel Castro", *Bohemia*, abril 1959.

LAVADA DE MANOS

Un año después de la tragedia, la Embajada de Estados Unidos planteó al Departamento de Estado las "fuertes posibilidades" de que dos de los sobrevivientes que integraban el grupo de secuestradores del avión, habrían sido acogidos afectuosamente por el régimen revolucionario. Los identificaban como Edmundo Ponce de León y Emanuel Fernández Falcón (su primer nombre realmente es Manuel).

A finales de enero de 1959 la Embajada había recibido información de que Ponce de León ya estaba trabajando como teniente de las fuerzas revolucionarias en la oficina de la Policía de Turismo de La Habana como segundo al mando. De ser un candidato al pelotón de fusilamiento, como lo prometió Raúl, el miliciano comenzaba una modesta carrera en la burocracia de la revolución reinante. Los funcionarios de la Embajada tenían en su poder una fotografía que los familiares de Edmundo le habían entregado para su posible identificación como uno de las víctimas del accidente.

"Parece haber pocas dudas de que en un futuro cercano será posible una identificación que permita asegurar sin lugar a dudas que el oficial de la oficina de turismo, es la persona que iba en el avión", decía el telegrama.

La respuesta a estas inquietudes de la Embajada en La Habana se produjo casi dos meses después. El Departamento de Estado informó que el Departamento de Justicia había dado traslado de los hechos a la oficina del fiscal en Miami el 17 de febrero.

La Fiscalía de Miami respondió que declinaba considerar la formulación de una acusación, "al menos por ahora", dado que ninguno de los sujetos estaba en la jurisdicción de Estados Unidos.

La instrucción final a la Embajada fue: "Como el problema es básicamente de aplicación de la ley y las entidades de Estados Unidos tienen posesión de la información pertinente... la Embajada no necesita tomar medidas en relación con Ponce de León en este momento". Así desfallecía el caso del Vuelo 495 en los anaqueles del gobierno de Estados Unidos.

El subsecretario de Estado William B. Macomber informó al senador demócrata de Tennessee, Carey Estes Kefauver, quien había mostrado interés en el caso, que la Junta de Aeronáutica Civil no investigó el accidente "dado que creía que no tenía jurisdicción en la investigación porque la aeronave estaba registrada en Cuba y el accidente ocurrió en Cuba". Macomber explicó al congresista que por el mismo motivo que la Aeronáutica Civil no asumió la investigación, o sea la falta de jurisdicción, el Departamento de Estado tampoco lo hizo.

La teoría de la falta de jurisdicción terminó por aplacar cualquier interés en el caso, especialmente en dar con el paradero de otro de los sospechosos del secuestro que habría de llegar a posiciones más altas que Ponce de León en el gobierno de Cuba, pese a que también lo amenazaron con el paredón: Manuel Fernández Falcón, "El Gallego". Mucho menos preocupación les causaba el auxiliar de vuelo, Orlando Jiménez, reportado como desaparecido y cuyo papel dejó intrigado a uno de los vicecónsules que investigó la tragedia.

Como se recordará, Fernández Falcón, quien viajó con un pasaporte falso estadounidense, se salvó del accidente y logró alcanzar una de las alas del avión para mantenerse a flote. Tenía una pierna fracturada, pero pudo más su miedo a los tiburones que el dolor de la lesión, y en compañía de Ponce de León alcanzó a nado la orilla de la bahía.

¿Pero qué ocurrió con Fernández Falcón?

Santiago Rudy Moisés, el encargado de las memorias y comunicaciones del Segundo Frente que vio llegar a Fernández Falcón al campamento, sostiene que estuvo aproximadamente quince días en la llamada comandancia del II Frente Oriental. "Recuerdo muy bien que Raúl Castro y [Manuel] Piñeiro les prohibieron que dijeran a nadie algo sobre lo sucedido porque se trataba de un hecho criminal que afectaba a la llamada revolución del compañero comandante".

En los primeros años de la revolución, continúa Moisés, Fernández Falcón fue adoptado por "Barbarroja" Piñeiro, combatiente del Frank País a quien Fidel le encomendó la tarea de montar el aparato de inteligencia de su gobierno. "Barbarroja se llevó a Manolito al Departamento América de la dirección de inteligencia cubana donde llegó a ocupar el grado de general de brigada". Cuando el autor habló con Moisés en 2002, comentó que Fernández fue puesto bajo el llamado "plan pijama" por órdenes de Raúl Castro. El plan pijama es un régimen de castigo que se aplica a los militares y funcionarios que son defenestrados como resultado de una purga oficial de contrainteligencia. Para evitar que se unan a la disidencia o revelen sus asuntos confidenciales, el gobierno los envía a sus casas con sueldo.

Fernández Falcón se retiró después de haber sido director de la Academia de las Fuerzas Armadas Revolucionarias de Cuba General Máximo Gómez, fundada en 1962. Se dice que continúa viviendo en Cuba.

En algunas publicaciones se afirma que llegó a ser director de la oficina de contrainteligencia de Ministerio del Interior, pero en ese dato puede haber una confusión. El general de división que ocupó esa posición es un homónimo del sospechoso del secuestro. Se trata de Manuel Fernández Crespo, quien declaró extensamente en el juicio revolucionario contra el general Arnaldo Ochoa y otros militares cubanos por narcotráfico y traición a la patria en 1989.

En cuanto a Jiménez, el auxiliar de vuelo, el vicecónsul Kessler quedó con la firme sospecha de que también estaba comprometido en la operación. "La posibilidad de que el auxiliar Orlando Jiménez estuviera conectado con el incidente es fuerte. El señor Martínez afirmó que los hombres obtuvieron las armas y uniformes de la parte inferior de las láminas del piso del avión. Los pasajeros no hubieran podido muy fácilmente colocar estos objetos personalmente. Los buzos informaron que las láminas habían sido removidas al momento de la búsqueda de los restos. Esto sin embargo podría haber ocurrido durante las búsquedas previas de los buzos cubanos. No obstante, el cadáver del auxiliar no fue hallado y un pescador que observaba la búsqueda el siete de noviembre, informó a este oficial que había escuchado conversaciones entre otros pescadores acerca de una persona que había sido vista escondiéndose en los matorrales de mango después del accidente. Este oficial cree que si se llegan a recuperar más cadáveres, será una, el del auxiliar, dado que la evidencia en su contra no es concluyente".

"Yo era un pasajero más"

La trifulca legal entre Edmundo Ponce de León y su hermana por la casa de sus padres facilitó la búsqueda del sospechoso. Edmundo Ponce de León, que había hecho todo lo posible por pasar inadvertido en pleno corazón del exilio cubano de Miami, quedó expuesto en los documentos del litigio familiar.

Una tarde de agosto de 2008, acompañado por el periodista de *El Nuevo Herald*, Alfonso Chardy, un metódico y agudo reportero de origen mexicano con un largo historial de éxitos en el periodismo de investigación, tocamos sin cita previa a la puerta de la casa en disputa situada en el tradicional barrio El Portal, al norte de Miami. A diferencia del primer reportaje que había publicado en 2002 en *El Nuevo Herald* y que se basaba en versiones de Omara y recortes de periódicos de la época, esta vez contábamos con más pruebas que implicaban al escurridizo ex militar cubanoamericano. Desde que comenzó la investigación del accidente varios cables diplomáticos confidenciales del gobierno de Estados Unidos lo identificaban como uno de los secuestradores del avión. Omara insistía en que era él, Osiris lo reconoció en una fotografía, Solange, su prima hermana, aseguraba que se había unido a las filas rebeldes y ahora su propia hermana los señalaba ante un juzgado de

Estados Unidos como uno de los piratas del Movimiento 26 de Julio.

En vísperas de publicar la primera nota periodística en 2002 sobre el tema había llamado a un teléfono que aparecía a nombre de Ponce de León en algún registro público del condado de Miami-Dade. Una mujer me respondió que estaba muerto. Quizás quería crear confusión con el padre de Edmundo, que se llamaba igual y había fallecido, o pretendía perpetuar la falsa versión de la muerte del pasajero que publicaron algunos periódicos de Cuba y Estados Unidos en los días posteriores a la caída del avión. Intenté comunicarme de nuevo varias veces pero nadie me volvió a responder y las llamadas pasaban directamente a un contestador automático.

Ahora, seis años después, tenía al muerto al frente. El hombre robusto de setenta y tres años con una abundante cabellera canosa salió a la puerta de su casa y saludó cordialmente. Llevaba una camiseta de esqueleto blanca y la cara cubierta con algunos copos de crema de afeitar. Mi compañero Alfonso se percató de sus orejas grandes. Osiris nos había dicho que uno de los secuestradores tenía las orejas enormes. Nos identificamos como periodistas del *Herald*. Al escuchar mi nombre hizo un gesto de que sabía muy bien quién era. Nos pidió que esperáramos para lavarse la cara, y a los pocos minutos regresó. A unos 150 metros, desde un automóvil, el fotógrafo de *El Nuevo Herald*, Pedro Portal, disparaba discretamente una ráfaga de fotografías del sospechoso con un poderoso teleobjetivo. Serían las primeras imágenes que se conocerían de Ponce de León desde la tragedia del avión.

En el umbral de la puerta abordamos de inmediato el tema. Queríamos tener su versión sobre el accidente del avión de Cubana de Aviación, le dije. No pasaron más de tres segundos, ese instante en el que el futuro de una entrevista periodística se debate entre el portazo en la nariz y la respuesta, cuando nos dijo:

—Mire, yo tengo familia y no quiero que se le dé vuelta a eso por ellos.

El tono dudoso en el que lo dijo nos confirmó que no estaba muy lejos de rendirse a dar su versión y nos dio pie para continuar con una artillería frenética de preguntas que respondió sin titubear.

—¿Pero usted estaba en ese vuelo?

—Yo estuve en el vuelo, yo era un pasajero en el vuelo.

—Pero hay algunos reportes que dicen que usted participó, le dijimos casi en coro.

—Sí, yo vi eso. Si, dicen que yo era piloto y yo no era piloto. Yo acababa de salir de las Fuerzas Aérea y yo era *cargo handler* (cargador).

—Pero entonces ¿quiénes eran los secuestradores?

—Dos que murieron, uno que se llamaba creo que Pedro Álvarez y el otro...

Ponce de León interrumpió la frase visiblemente arrepentido de haber ofrecido tanta información de un solo golpe. El nombre que mencionó no era correcto. Quizás quería decir Pedro Valdez. En un intento por convencerlo de que nos invitara a entrar a la casa, Alfonso le pidió que ampliara un poco más su respuesta respecto a las circunstancias en las que ocurrió el accidente. Ponce de León insistió en que no quería que saliera a relucir su nombre de nuevo "no por mi sino por la gente de Cuba", pero abrió un poco más la puerta de madera que hasta entonces flanqueaba, y nos invitó a seguir a la sala de la casa.

Hacía un calor sofocante. Su esposa Leonor, también cubana, salió a nuestro encuentro. No quería que lo entrevistáramos, pero sabía que su opinión no contaría. Ponce de León estaba dispuesto a hablar de una vez por todas. A ella no le quedó otra opción que asistir nerviosa a la entrevista, no sin antes disculparse por el calor que hacía. Nos explicó que si encendían el aire acondicionado, una buena parte de la pensión de ambos se iría en el pago de la cuenta de electricidad. La pareja se había declarado en quiebra en 2005. Según los documentos del proceso consultados por el autor, reportaron como ingresos individuales 1194 dólares y propiedades que sumaban solamente 980 dólares.

Ponce de León se veía con energía, muy lúcido, aunque su ojo derecho parecía sin vista. Nos dijo que la había perdido a raíz de un infarto cardiaco. Un fuerte croar de una rana dentro de la casa nos llamó la atención. La pareja sonriente nos explicó que era un gracioso juguete de la cadena de farmacias Walgreens que se activaba cada vez que alguien pasaba por el frente.

Conquistada la sala de la casa, sacamos las grabadoras y las pusimos a rodar a la vista del matrimonio. Ponce de León reiteró que era un pasajero más del Vuelo 495. Había planeado el viaje para tomarse un descanso en Varadero por un fin de semana. En el aeropuerto lo esperaba Juan Badía, un primo suyo. En su maleta solo llevaba una cámara de fotografía, ropa de cambio y documentos. Nada de regalos. "En esa época no se usaba", dijo.

Temiendo que su esposa lograra convencerlo de suspender la entrevista, fuimos al punto. Queríamos saber cómo ocurrió el accidente.

"Me acuerdo que se levantaron unos jóvenes", respondió. "Yo estaba sentado en la parte de atrás y en la parte de adelante creo que al lado del baño se levantó un joven y fue a la cabina".

En tono defensivo y sin ocultar la urgencia que tenía de decirlo, Ponce de León interrumpió el relato y dio un salto hacia atrás en el tiempo. Quería plantear su versión de la demora del vuelo en el aeropuerto de Miami. Según él, Ruskin Medrano, el piloto del avión, fue cómplice del secuestro. No de otra manera, dijo, se podría explicar que hubiera ordenado llenar al tope de combustible el turbohélice de Cubana de Aviación pese a que el vuelo a Varadero no consumiría más de la mitad del tanque.

"Ahora, tengo entendido otra cosa que no se habla de eso, el avión se atrasó a la salida como una hora y media. ¿Y por qué se atrasa? El piloto Medrano era del 26 de Julio y él mandó a echarle más combustible al avión porque del vuelo de Miami a Varadero tenía suficiente. El combustible, cuando lo echaron, se derramó en las alas. ¿Qué sucede?, la gente del seguro no permite que el avión salga con las alas embarradas en combustible y por eso se demoraron en salir. Pero él ordenó que le echaran más combustible".

En los documentos consultados y las entrevistas para este libro, no encontré una respuesta al porqué los tanques del avión fueron llenados al tope en Miami. La explicación puede ser más política que técnica. La aerolínea, previendo posibles interrupciones del suministro de combustible por la situación de inseguridad que se vivía en Cuba de paros forzados por los rebeldes, asaltos y bombardeos de carreteras y la inminencia de unas elecciones presidenciales complicadas, llenaba los tanques de su flota al máximo en Miami en lugar de depender del abastecimiento en la isla.

Al darnos cuenta de que mantener el hilo cronológico de lo que ocurrió sería imposible, fuimos al grano.

—¿Por qué algunos de los pasajeros señalan su nombre como uno de los secuestradores?

—Eso es por mi madre que habla mucho. Porque nadie de ellos sabía mi nombre. Mi madre aquí la entrevistaron los periódicos y dio mi nombre. Dijo que yo había estado en la fuerza aérea y todo eso y es donde surge que yo era piloto.

—¿Usted militó en el 26 de Julio?

—No.

—¿Conocía a algunos de los secuestradores?

—De vista. Lo conocía de vista en... (se queda pensativo). Yo trabajé, cuando empezó aquí el diario, como le llaman, *El Diario de las Américas*, yo trabajé en linotipos, donde se derretía el plomo y todo eso, entonces uno de los periodistas, Medrano, no sé si está vivo todavía, la hija era novia mía. Entonces unos de los primos de ella era Raúl Rodríguez.

—¿Uno de los secuestradores?

—Sí, el murió.

—¿Era el único que reconoció?

—Sí, era el único que reconocí.

—¿Uno nada más?

—Bueno el que fue y entró a la cabina.

Alfonso quería saber si hubo violencia durante el secuestro del avión.

-No, no hubo pelea ni nada de eso. Cuando vimos que el hombre tenía una pistola en la mano, dijo que él era del 26 de Julio, que no iba a pasar nada, que tranquilos.

-¿Por qué se cae el avión?

-El avión se cae porque ya después de volar mucho, llegan a Oriente y ellos tratan de aterrizar en la pista que está pegada a la Bahía de Nipe, en Preston. Entonces el piloto parece que no conocía la pista, intentó aterrizar a mi entender, no porque haya sucedido, en esa época el ejército de Batista le ponía barriles en las pistas para que no, para bloquearla. Entonces cuando él fue a aterrizar se encontró que tenía eso. Despegó el avión otra vez y voló por arriba de la bahía. Ahí estaba la fragata Antonio Maceo, un barco de Guerra. Cuando el avión trató de aterrizar de nuevo, *tirarín*, balas trazadoras.

¿Impactaron en el avión?

—Creo que no. Vaya, no puedo asegurarlo. El piloto levanta y de pronto mete la nariz. Trató. Iba a aterrizar. Levantó el avión pero cayó a la bahía.

—¿No fue por falta de combustible?

—No.

—¿Mala maniobra?

—Parece que huyéndole al fuego de la fragata.

—¿Cómo sobrevivió usted?

—Bueno yo fui hasta al fondo de la bahía con el avión.

—¿Usted sabe nadar?

—Sí.

—¿Salió a flote?

—Salí a flote.

—¿Ayudó a alguien?

Ayudé a una muchacha que estaba amarrada. Una señora. No me acuerdo si era joven. La ayude a salir.

Hasta aquí Ponce de León se veía seguro. Parecía como si durante los últimos cincuenta años de su vida hubiera ensayado su testimonio. Pero luego de que el sobreviviente se salva de los tiburones de la bahía, nada durante una hora, y llega a tierra, la situación es más incómoda de explicar. Tiene que contar a dónde fue, por qué no acudió a un hospital, quién lo acompañaba. Medio siglo de preparación para ofrecer una explicación que nos sorprendió: Ponce de León aseguró que los rebeldes de la sierra lo habían secuestrado. Y en un esfuerzo por buscar solidaridad conmigo, echó mano a una analogía con la guerrilla en Colombia.

"Usted que es colombiano, usted sabe lo que sucede cuando cae la gente en las áreas combativas. Lo secuestran. Yo caí en la Bahía de Nipe, me recogieron los rebeldes y me llevaron para el área de donde estaba la comandancia, Mayarí Arriba, y no pude salir de ahí hasta que no terminó la guerra".

Al salir del monte, se podría esperar que Ponce de León, que tenía su familia en Miami, regresaría a la ciudad para contar su aventura de secuestrado. Pero prefirió quedarse en Cuba. Dijo que lo hizo por amor, porque al poco tiempo del triunfo de la revolución conoció a Leonor. Exactamente el 18 de enero de 1959. Ella trabajaba como vendedora de uno de los almacenes Fin de Siglo. Le pidió que se casaran el día de los enamorados y como la ley revolucionaria no permitía salir a los jóvenes varones hasta que no prestaran el servicio militar, debió quedarse. Se hizo miliciano.

"Trabajé en la defensa civil, para ciclones y huracanes".

Leonor quería regresar a Miami pero a su padre le dio un derrame cerebral que lo dejó paralítico y sin habla.

"Doce años estuvo así, él murió en septiembre del 93 y el 94 vinimos", recordó ella.

En los más de treinta y cinco años que vivió en Cuba después del accidente del avión, explicó Ponce de León, nunca trabajó para una fuerza militar o policial del gobierno. Se dedicó a la "gastronomía y el mantenimiento". Con mucha seguridad y satisfacción dijo que nunca fue interrogado en Estados Unidos por su presunta vinculación con el secuestro del avión y que en la Cuba posrevolucionaria jamás se abrió una investigación al respecto.

En medio de la entrevista, su esposa, que iba y venía estimulando el croar de la rana electrónica, fue directo al ataque contra Magaly, la hermana de Ponce de León, a quien acusó de albergar un odio demencial contra él. La señaló como la responsable de haber revolcado de nuevo el tema del secuestro y profirió amenazas poco convincentes de que la demandaría por difamación por haber dicho que Ponce de León era un espía cubano infiltrado en Miami.

Afortunadamente, comentó, "allá arriba hay un Dios que todo lo ve".

A diferencia de Ponce de León, Leonor hizo varios comentarios contra Fidel Castro y la revolución.

—Ese hombre engañó a un pueblo entero —afirmó.

—¿Usted creyó en Fidel? —le pregunté entonces a Ponce de León.

—Sí, quitarle la vivienda a los millonarios y dársela de gratis a la gente que la rentaba para que después la gente con la renta fueran pagando... la salud gratis, la educación gratis, eso atrae mucho al pueblo.

En un nuevo intento que hicimos de reconstruir los primeros minutos del secuestro del avión, Ponce reiteró que todo transcurrió en forma muy tranquila.

—Yo le puedo decir que casi todos los pasajeros eran revolucionarios. Empezaron a sacar sellitos de los que vendían aquí en Miami del 26 de Julio. Se los pusieron, para que vieran que estaban con el movimiento... Y la azafata dándole tragos a todos, era un vuelo turístico.

En este punto, Alfonso le pidió que se dejara tomar una fotografía para mostrársela a los sobrevivientes. Dijo que no y su esposa lo respaldó.

Ponce de León recordó una propuesta que él le habría hecho a la azafata en el avión.

—Cuando el piloto no lograba aterrizar ahí yo digo ¿por qué no se va para la base de Guantánamo que no está tan lejos? La azafata dijo que esa era una decisión del piloto.

Ponce de León puso en duda la versión de Osiris de que uno de los secuestradores había salido de la cabina anunciando que el avión estaba sin combustible. Lo que el secuestrador dijo, según él, fue: "que iban a tener que hacer un aterrizaje forzoso" debido a los barriles que el ejército batistiano había interpuesto en la pista.

En ese momento mi compañero Alfonso, casi con imprudencia infantil, le dijo a Ponce de León que tenía las orejas grandes. Era una provocación para abrir el tema de su parecido al secuestrador que recordaba Osiris. Ponce de León sonrió, su esposa también, pero el tema quedó encallado.

—¿Qué sintió usted en ese momento ante los secuestradores, rabia, odio? —le pregunté y respondió muy serenamente:

—Incomodidad de que me rompieran (estropearan) el viaje... ellos estaban en lo suyo y le digo que los pasajeros allí iban de fiesta, ahí nadie mostró odio ni malestar ni miedo ni nada de eso.

Al final de la entrevista su esposa intervino diciendo que era mejor no revivir el tema de nuevo porque la familia del piloto vivía en Miami y los señalamientos de su marido en el sentido de que supuestamente era cómplice de la operación, podrían herir sus sentimientos.

Al salir de la casa para despedirnos, Ponce de León recogió del césped un ejemplar del *Diario las Américas*. La cámara de Portal seguía disparando.

Días después durante otra entrevista en inglés, esta vez con la participación del director del equipo de investigaciones de *The Miami Herald*, Mike Sallah, ganador del premio Pulitzer, Ponce de León amplió algunos detalles de su vida, empezando por la relación con su hermana.

"Ella quería ser la reina y yo regresé y ahora soy el rey. Ese es el problema".

Confronté a Ponce con la versión de su prima Solange, quien nos había asegurado que él llegó a ser capitán del ejército rebelde y que era cercano a Raúl Castro. La primera en responder fue la esposa con una sonrisa irónica. Ponce de León demoró en contestar.

—No, que va —se limitó a decir.

—¿Pero usted conocio a Raul Castro?

—Claro, sí, pues estaba ahí cuando estaba preso.

En cuanto a los secuestradores, Ponce de León confirmó que Rodríguez y Pedro Valdez, a quien seguía refiriéndose como Pedro Álvarez, habían muerto, pero Fernández, Manuel Fernández Falcón, quien se identificó con el pasaporte falso bajo el nombre de Erasmo Aponte, estaba vivo.

"El gallego Fernández que le decían. Ese empezó a trabajar en seguridad del Estado en Oriente y se viró ahí, no sé, se desapareció. No sabemos si vino para acá o qué sucedió con él".

Ponce de León lo volvió a ver en Cuba.

"Yo vi a Fernández Falcón una vez después, él tenía que ver con algo relacionado con casas para vacaciones de renta".

Al caer el avión en la bahía, Fernández se fracturó una pierna, recuerda Ponce de León, pero decidió nadar hacia la orilla cuanto antes porque "sabía que ese es el lugar donde hay más tiburones, más infestado de tiburones que hay en Cuba, la Bahía de Nipe. Entonces llegamos ahí a los manglares"

Esperaron un par de días. No buscaron ayuda en Preston porque alrededor del sitio no había poblaciones sino monte y rebeldes, agregó. Al cabo de los dos días, se presentaron "unos que parecían campesinos, no se veían malos ni nada de eso". Los campesinos se fueron a caballo y buscaron "a la gente" [los rebeldes]. "Y entonces vinieron en un jipi [Jeep] y nos llevaron". Ambos, agregó, fueron presentados ante la comandancia del Segundo Frente y allí fueron recriminados. "Que eso no se podía hacer", les dijeron. Ponce de León no recordaba haber sido interrogado por Raúl Castro sino por otro de los altos oficiales. Estuvo en custodia de los rebeldes desde entonces hasta el triunfo de la revolución, cuando, "vaya, dijo sonriendo, se abrieron las puertas y saliste caminando no más, nada de despedirte ni decirte hasta luego".

Uno de sus primeros empleos fue en la oficina de impresiones del Ministerio de Trabajo. Después en gastronomía, "nosotros le dábamos mantenimiento a los restaurantes" y luego en un fábrica de discos musicales.

La entrevista con Sallah y Alfonso sobrevivió a las continuas peticiones de Leonor a su marido de que no siguiera hablando del tema. Le advirtió varias veces que vendrían otra vez noches de insomnio y pesadillas para él. Pero Ponce de León no daba ninguna muestra de aprehensión por las consecuencias de sus declaraciones o de caer en alguna contradicción y mucho menos de estar arrepentido. Es más, en un arranque de soberbia tardía, como si todavía fuese el hombre fuerte y atrevido de sus años de montacargas de la Fuerza Aérea estadounidense, advirtió que si alguien del exilio cubano se atrevía a atacarlo en su casa, le respondería a bala.

Nadie atacó a Ponce de León, nadie hizo protestas frente a su casa, y a muy pocos le indignó su desfachatez.

Bajo el título "El sospechoso que vive entre nosotros", el domingo 26 de octubre de 2008 los diarios *El Nuevo Herald* y *The Miami Herald* desenmascararon a Edmundo Ponce de León. Los artículos de portada en ambos periódicos mostraron las huellas que dejó el cubanoamericano en la escena del crimen. El hombre cuya fotografía en camiseta blanca apareció por primera vez en los periódicos, le había apostado al olvido y a la ignorancia refugiándose en el lugar menos sospechoso, como el fugitivo que se instala en el hotel contiguo a la estación de policía: la capital del alguna vez rabioso exilio cubano, la ciudad donde se hizo simpatizante de Fidel Castro y donde practicó operaciones de sabotaje contra la dictadura de Batista. Pero ahora los cables amarillos de la Embajada de Estados Unidos en La Habana, la perseverancia de Omara González y su madre, los señalamientos de Osiris Martínez, los recortes de prensa y hasta la mezquindad oportunista de su propia hermana Magaly, lo ponían en evidencia.

"Hay cosas que uno no olvida, dijo Omara "Todavía puedo verlo con aquellos zapatos parado ante la puerta de la cabina".

Los artículos fueron reforzados con las declaraciones del abogado de Magaly, Stephen Logofredo, sobre la culpabilidad de Ponce de León. El abogado aseguró que su cliente y Ponce de León hablaron muchas veces sobre el secuestro y su participación en los hechos. "Él habló abiertamente sobre lo ocurrido frente a ella y otros familiares", afirmó Logofredo quien además recordó que Ponce de León participó en los años cincuenta en actividades rebeldes y que incluso destruyó una embarcación que planeaba llevar a Cuba antes del secuestro.

Tras la publicación de los artículos, Alicia Valle, la portavoz de la Fiscalía del sur de la Florida, abrió una leve posibilidad de que el crimen no quedara en la absoluta impunidad al declarar para los medios de Miami que se estaban considerando "todas las opciones". Tres años después de la publicación de las crónicas coincidí en la sala de espera de un consultorio médico de Miami con el fiscal del sur de la Florida Wilfredo Ferrer, a quien había entrevistado para una serie sobre el fraude al Medicare de la cadena Univisión, donde empecé a trabajar en 2011. Ferrer me dijo que me tenía una mala noticia: los agentes del FBI que investigaban la posibilidad de arrestar a Ponce de León por el secuestro del avión, se habían enterado de que había muerto. Fue una doble sorpresa para mí. Ignoraba que la Fiscalía había asumido el difícil reto de demostrar la culpabilidad de Ponce de León y creía que el personaje todavía tenía salud para seguir negando su responsabilidad.

Todo indica que los agentes del FBI estaban bien adelantados en sus pesquisas, según me comentó Omara años después. Varios de ellos la habían visitado en su apartamento de Coral Gables para reconstruir el historial de la tragedia que nunca superó.

Un día después de la consulta médica, un cable de EFE me confirmó la noticia: "El cubano Edmundo Ponce de León, uno de los supuestos responsables del secuestro de un avión de Cubana de Aviación en 1958, el primero que se produjo en suelo estadounidense, murió a los setenta y seis años en un hospital de Miami víctima de un cáncer". EFE citaba a la cadena NBC, la única en inglés que siguió de cerca el caso y que estaba preparando la transmisión de un programa especial en torno a la tragedia. Ponce de León murió el tres de octubre en el hospital de veteranos de Miami. Luego me enteré de que este hombre, quien estuvo en las filas de la Fuerza Aérea de Estados Unidos y llegó a ser capitán del ejército revolucionario de Fidel Castro, fue sepultado con honores militares pagados por el gobierno al que debió denigrar como parte del credo de fidelidad al régimen cubano.

...

Unos tres meses después de ocurrida la tragedia de Cubana de Aviación y cuando ya había llegado la revolución al poder, recuerda Omara González, el director de la revista *Bohemia*, Miguel Ángel Quevedo llamó a su casa y dejó un recado. *Bohemia*, la publicación más popular de Cuba, que se fundó bajo el lema, "la revista que siempre dice la verdad", había apoyado el movimiento insurreccional de Fidel Castro y simpatizaba con el nuevo gobierno, lo que explica el silencio en la cobertura del siniestro aéreo. La revista se prestó para publicar el 26 de Julio de 1958 el Manifiesto de la Sierra Maestra que llamaba a una unión de los grupos de oposición contra Batista, e imprimió más de un millón de copias el día del triunfo de la revolución.

Quevedo dijo que Fidel Castro quería hablar con Omara. Los padres de la joven aceptaron y la llevaron a la casa del periodista en Varadero. Omara recuerda que Castro estaba recostado en la cama de una habitación desde la cual escuchó atentamente su relato. La acompañaba su hermano Osiel, quien había bajado triunfante de la sierra. Al final del recuento de Omara, el comandante Castro comentó que le había recomendado a su hermano Raúl que fusilara a los autores del secuestro, pero fríamente, según ella, agregó: "mira el sabotaje es así, si te tocó a ti te tocó, si yo estoy en un cine y está mi mamá ahí y le tocó a mi mamá, pues le tocó".

ANEXO

CABLES SECRETOS

A menos de 48 horas de ocurrido el accidente del Vuelo 495, la Embajada de Estados Unidos en La Habana, despachó al lugar de los hechos a los vicecónsules Wayne Smith y Hugh Kesller. Una buena parte de la información detallada de la tragedia que hoy se conoce se le debe a estos dos funcionarios que se dedicaron a recaudar testimonios y pruebas en medio de un clima de guerra entre el agonizante gobierno de Batista y los combatientes de la sierra. Los siguientes son algunos de los cables más importantes que llegaron a Washington desde La Habana.

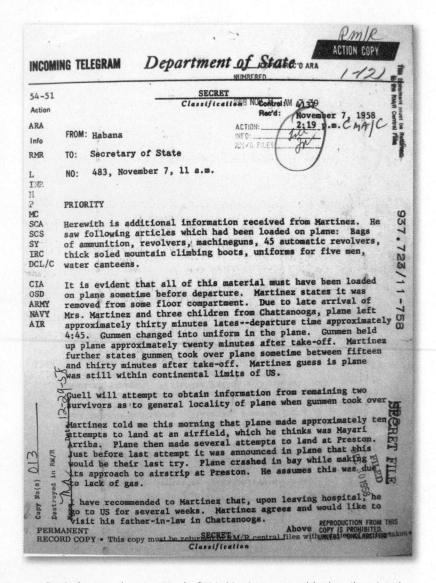

INCOMING TELEGRAM *Department of State*

ACTION COPY

54-51
Action

FROM: Habana

TO: Secretary of State

NO: 483, November 7, 11 a.m.

ARA
Info
RMR
L
INR
H
P
MC
SCA
SCS
SY
IRC
DCL/C

CIA
OSD
ARMY
NAVY
AIR

Rec'd: November 7, 1958
2:19 p.m.

PRIORITY

Herewith is additional information received from Martinez. He saw following articles which had been loaded on plane: Bags of ammunition, revolvers, machineguns, 45 automatic revolvers, thick soled mountain climbing boots, uniforms for five men, water canteens.

It is evident that all of this material must have been loaded on plane sometime before departure. Martinez states it was removed from some floor compartment. Due to late arrival of Mrs. Martinez and three children from Chattanooga, plane left approximately thirty minutes lates--departure time approximately 4:45. Gunmen changed into uniform in the plane. Gunmen held up plane approximately twenty minutes after take-off. Martinez further states gunmen took over plane sometime between fifteen and thirty minutes after take-off. Martinez guess is plane was still within continental limits of US.

Guell will attempt to obtain information from remaining two survivors as to general locality of plane when gunmen took over

Martinez told me this morning that plane made approximately ten attempts to land at an airfield, which he thinks was Mayari Arriba. Plane then made several attempts to land at Preston. Just before last attempt it was announced in plane that this would be their last try. Plane crashed in bay while making its approach to airstrip at Preston. He assumes this was due to lack of gas.

I have recommended to Martinez that, upon leaving hospital, he go to US for several weeks. Martinez agrees and would like to visit his father-in-law in Chattanooga.

PERMANENT RECORD COPY • This copy must be returned

SECRET

Basándose en el testimonio de Osiris Martínez, este cable describe cómo los secuestradores abrieron el compartimento interno del avión para sacar bolsas de munición, revólveres, ametralladoras, uniformes para cinco hombres y cantinas.

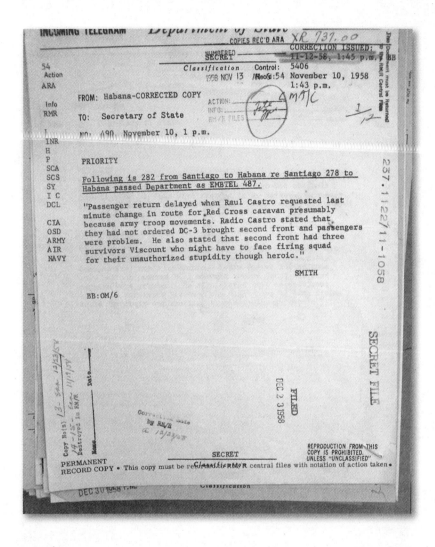

Raúl Castro amenaza con llevar al paredón a los autores del secuestro por la "estupidez no autorizada aunque heroica".

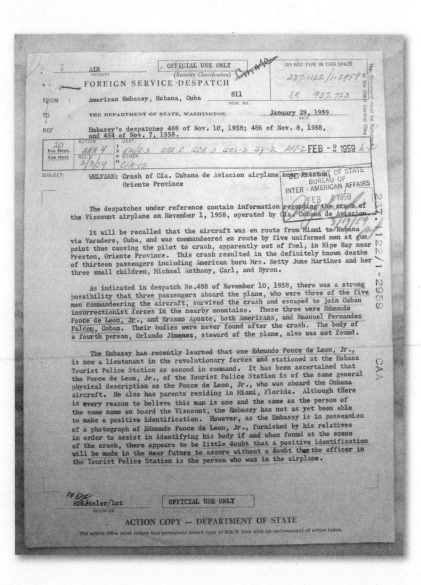

FOREIGN SERVICE DESPATCH

FROM : American Embassy, Habana, Cuba

TO : THE DEPARTMENT OF STATE, WASHINGTON.   January 29, 1959

REF : Embassy's despatches 488 of Nov. 10, 1958; 486 of Nov. 8, 1958, and 484 of Nov. 7, 1958.

SUBJECT: WELFARE: Crash of Cía. Cubana de Aviacion airplane near Preston, Oriente Province

The despatches under reference contain information regarding the crash of the Viscount airplane on November 1, 1958, operated by Cía. Cubana de Aviacion.

It will be recalled that the aircraft was en route from Miami to Habana via Varadero, Cuba, and was commandeered en route by five uniformed men at gun point thus causing the pilot to crash, apparently out of fuel, in Nipe Bay near Preston, Oriente Province. This crash resulted in the definitely known deaths of thirteen passengers including American born Mrs. Betty June Martinez and her three small children, Michael Anthony, Carl, and Byron.

As indicated in despatch No.488 of November 10, 1958, there was a strong possibility that three passengers aboard the plane, who were three of the five men commandeering the aircraft, survived the crash and escaped to join Cuban insurrectionist forces in the nearby mountains. These three were Edmundo Ponce de Leon, Jr., and Erasmo Aponte, both Americans, and Emanuel Fernandez Falcon, Cuban. Their bodies were never found after the crash. The body of a fourth person, Orlando Jimenez, steward of the plane, also was not found.

The Embassy has recently learned that one Edmundo Ponce de Leon, Jr., is now a lieutenant in the revolutionary forces and stationed at the Habana Tourist Police Station as second in command. It has been ascertained that the Ponce de Leon, Jr., of the Tourist Police Station is of the same general physical description as the Ponce de Leon, Jr., who was aboard the Cubana aircraft. He also has parents residing in Miami, Florida. Although there is every reason to believe this man is one and the same as the person of the same name on board the Viscount, the Embassy has not as yet been able to make a positive identification. However, as the Embassy is in possession of a photograph of Edmundo Ponce de Leon, Jr., furnished by his relatives in order to assist in identifying his body if and when found at the scene of the crash, there appears to be little doubt that a positive identification will be made in the near future to assure without a doubt that the officer in the Tourist Police Station is the person who was in the airplane.

HDKessler/lnt

ACTION COPY — DEPARTMENT OF STATE

En este cable de febrero de 1959, la Embajada reporta que Ponce de León es teniente de las fuerzas revolucionarias.

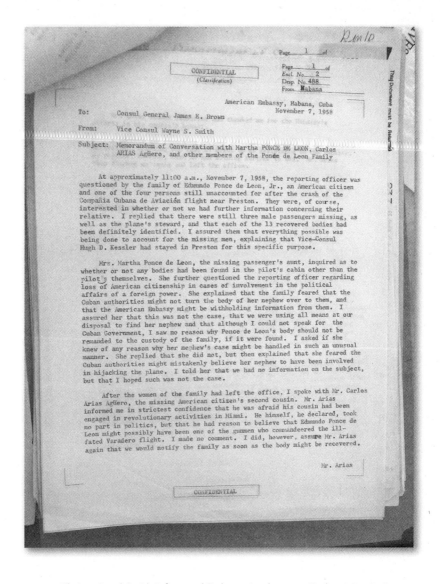

Page 1 of
Page 1 of
Encl. No. 2
Desp. No. 488
From Habana

American Embassy, Habana, Cuba
November 7, 1958

To: Consul General James E. Brown

From: Vice Consul Wayne S. Smith

Subject: Memorandum of Conversation with Martha PONCE DE LEON, Carlos
          ARIAS Agüero, and other members of the Ponce de Leon Family

At approximately 11:00 a.m., November 7, 1958, the reporting officer was questioned by the family of Edmundo Ponce de Leon, Jr., an American citizen and one of the four persons still unaccounted for after the crash of the Compañía Cubana de Aviación flight near Preston. They were, of course, interested in whether or not we had further information concerning their relative. I replied that there were still three male passengers missing, as well as the plane's steward, and that each of the 13 recovered bodies had been definitely identified. I assured them that everything possible was being done to account for the missing men, explaining that Vice-Consul Hugh D. Kessler had stayed in Preston for this specific purpose.

Mrs. Martha Ponce de Leon, the missing passenger's aunt, inquired as to whether or not any bodies had been found in the pilot's cabin other than the pilot's themselves. She further questioned the reporting officer regarding loss of American citizenship in cases of involvement in the political affairs of a foreign power. She explained that the family feared that the Cuban authorities might not turn the body of her nephew over to them, and that the American Embassy might be withholding information from them. I assured her that this was not the case, that we were using all means at our disposal to find her nephew and that although I could not speak for the Cuban Government, I saw no reason why Ponce de Leon's body should not be remanded to the custody of the family, if it were found. I asked if she knew of any reason why her nephew's case might be handled in such an unusual manner. She replied that she did not, but then explained that she feared the Cuban authorities might mistakenly believe her nephew to have been involved in hijacking the plane. I told her that we had no information on the subject, but that I hoped such was not the case.

After the women of the family had left the office, I spoke with Mr. Carlos Arias Agüero, the missing American citizen's second cousin. Mr. Arias informed me in strictest confidence that he was afraid his cousin had been engaged in revolutionary activities in Miami. He himself, he declared, took no part in politics, but that he had reason to believe that Edmundo Ponce de Leon might possibly have been one of the gunmen who commandeered the ill-fated Varadero flight. I made no comment. I did, however, assure Mr. Arias again that we would notify the family as soon as the body might be recovered.

Mr. Arias

El vicecónsul Smith informa el 7 de noviembre que Carlos Arias Agüero, quien se presentó como primo segundo de Ponce de León, sospecha que su primo podría haber sido uno de los secuestradores del avión. "No hice ningún comentario" escribió el cauteloso Smith.

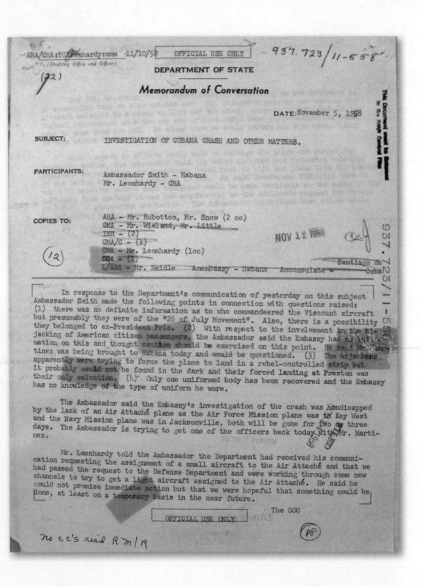

ARA/CMA:TG/Leonhardy:mvm 11/10/58   OFFICIAL USE ONLY   937.723/11-558
(Drafting Office and Officer)

(72)

DEPARTMENT OF STATE

Memorandum of Conversation

DATE: November 5, 1958

SUBJECT: INVESTIGATION OF CUBANA CRASH AND OTHER MATTERS.

PARTICIPANTS: Ambassador Smith - Habana
Mr. Leonhardy - CMA

COPIES TO: ARA - Mr. Rubottom, Mr. Snow (2 cc)
CMA - Mr. Wieland, Mr. Little
INR - (2)
CMA/C - (1)
CMA - Mr. Leonhardy (1cc)
GMA - (1)
L/ARA - Mr. Neidle   Amembassy - Habana   Amconsulate - Cuba

NOV 12 1958

Santiago de Cuba

> In response to the Department's communication of yesterday on this subject Ambassador Smith made the following points in connection with questions raised: (1) there was no definite information as to who commandeered the Viscount aircraft but presumably they were of the "26 of July Movement". Also, there is a possibility they belonged to ex-President Prio. (2) With respect to the involvement in the hijacking of American citizen passengers, the Ambassador said the Embassy had no information on this and thought caution should be exercised on this point. He said Martinez was being brought to Habana today and would be questioned. (3) The hijackers apparently were trying to force the plane to land in a rebel-controlled strip but it probably could not be found in the dark and their forced landing at Preston was their only salvation. (4) Only one uniformed body has been recovered and the Embassy has no knowledge of the type of uniform he wore.
>
> The Ambassador said the Embassy's investigation of the crash was handicapped by the lack of an Air Attaché plane as the Air Force Mission plane was in Key West and the Navy Mission plane was in Jacksonville, both will be gone for two or three days. The Ambassador is trying to get one of the officers back today with Mr. Martinez.
>
> Mr. Leonhardy told the Ambassador the Department had received his communication requesting the assignment of a small aircraft to the Air Attaché and that we had passed the request to the Defense Department and were working through some new channels to try to get a light aircraft assigned to the Air Attaché. He said he could not promise immediate action but that we were hopeful that something could be done, at least on a temporary basis in the near future.

The GOC

OFFICIAL USE ONLY

(P8)

no cc's reqd R M/R

Desde el 6 de noviembre la Embajada confirmó que los secuestradores llevaban uniformes del Movimiento 26 de Julio.

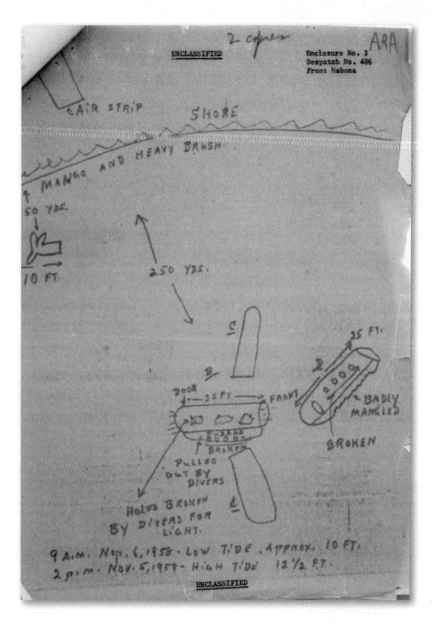

Según el croquis del gerente del central azucarero de Preston, el avión se partió en cuatro partes. A 228 metros de la costa de manglares quedaron los escombros más grandes: la cabina de pasajeros, que se partió en dos partes iguales de 7,6 metros cada una, y las dos alas que no se separaron más de dos metros de una de las secciones del fuselaje.

DEPARTMENT OF STATE

Memorandum of Telephone Conversation

DATE: November 7, 1958
4:30 p.m.

SUBJECT: Publicity on Cuban Plane Crash

PARTICIPANTS: Mr. Ben Meyer, Associated Press
ARA/P - Mr. Vaky

COPIES TO: ARA - Mr. Rubottom
ND - Mr. White
CMA - Mr. Little
Embassy Havana

I telephoned Ben Meyer and told him that I had been at the Secretary's press conference, heard his question, and was concerned that he may not have received all the information we have put out. In response to my query he said he had not seen the release that was put out late last night. I then read him the story. He said that if he had known this he would probably not have asked the question.

He then said that he did feel that he had reflected the feeling of the newsmen. Continued emphasis on lack of communication with Preston just did not make sense as an excuse for lack of information. He said that Preston was only a short distance from Havana. He pointed to the fact that we flew divers in on short notice, and that it was just hard to understand why we could not get such important information. This led him to suspect that we had the details but were trying to keep them quiet for some reason.

I pointed out to Ben that in trying to reconstruct what happened in an air crash there were only two sources of information -- recovery of bodies and wreckage and accounts of survivors. The recovery operation was still going on and necessarily took time. As to survivors I pointed out that two of them were in shock and apparently pretty confused. Martinez himself was in some shock for a while and had after all lost his whole family. It simply could not be expected that one could just get a full detailed deposition in an hour or so.

I also explained that the vice consuls went to Preston Monday morning. The plane which took them there returned almost immediately. One Vice consul had returned to Havana by Thursday morning with the first full report which the Embassy

had

Página 1 del memorando en el que un funcionario del Departamento de Estado deja constancia de las explicaciones que le dio al veterano periodista Ben Meyer ante los continuos reclamos del reportero por la falta de información de la tragedia del avión de Cubana de Aviación.

OFFICIAL USE ONLY

- 2 -

had received. That meant that we received the report within three days from the time the consular officials arrived at Preston. I suggested that this was after all pretty good time considering there were no cable or telephone communications with Havana.

I also pointed out that the wire service people and were not supposed to flash back news. They had to prepare a careful check-out report of what happened. As soon as the Embassy got the information it called us and we put it out as soon as we could. I observed that there had been, of course, several stories appearing in the press about bodies wearing uniforms and so forth, but that we did not want to put out anything which had not been carefully confirmed and checked since obviously the Department had to be careful in what it said.

Finally I assured him that we were not trying to conceal information, and that we were releasing data as we received it.

Ben said that this explanation made more sense than anything he had heard to date. He had not thought of the survivors being in shock, for example. He said he had not wanted to put any blame on anyone, and he was very grateful for my having called and read him last night's reply. STORY.

He then asked where Martinez was. I said he was in a hospital in Havana. He referred to Col. Kiefer's press release that all bodies had been recovered, four bodies were wearing armbands, and one of these was an American, Ponce de Leon. I said that our information did not confirm that. We understood four bodies had not yet been recovered, that only two of those recovered had armbands, and that as of yesterday noon we understood that Ponce de Leon's body was one of those still in the water.

He then again thanked me for the information and asked that we notify him if anything else develops.

DECLASSIFIED
Authority NND 867418
By KR NARA Date 10-14-08

ARA/P:VP/aky:tmb
11/7/58

OFFICIAL USE ONLY

Página 2 del memorando en el que un funcionario del Departamento de Estado deja constancia de las explicaciones que le dio al veterano periodista Ben Meyer ante los continuos reclamos del reportero por la falta de información de la tragedia del avión de Cubana de Aviación.

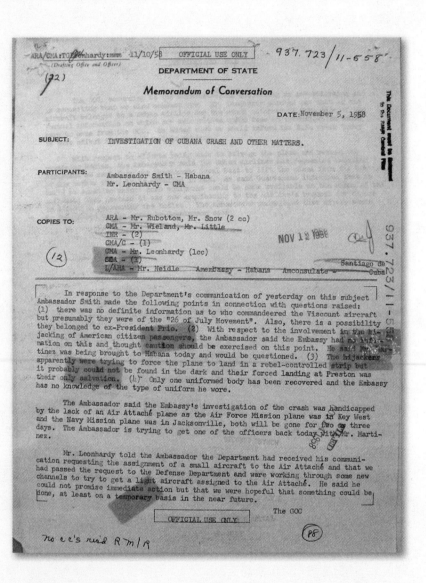

ARA/CMA:TG Leonhardy:mwm 11/10/58   OFFICIAL USE ONLY   - 937.723/11-658
(Drafting Office and Officer)
(22)

DEPARTMENT OF STATE

Memorandum of Conversation

DATE: November 5, 1958

SUBJECT: INVESTIGATION OF CUBANA CRASH AND OTHER MATTERS.

PARTICIPANTS: Ambassador Smith - Habana
Mr. Leonhardy - CMA

COPIES TO: ARA - Mr. Rubottom, Mr. Snow (2 cc)
CMA - Mr. Wieland, Mr. Little
TNR - (2)
CMA/C - (1)
CMA - Mr. Leonhardy (1cc)
SSA - (1)
L/ARA - Mr. Neidle   Amembassy - Habana   Amconsulate - Santiago de Cuba
(12)

NOV 12 1958

937.723/11-5

In response to the Department's communication of yesterday on this subject Ambassador Smith made the following points in connection with questions raised: (1) there was no definite information as to who commandeered the Viscount aircraft but presumably they were of the "26 of July Movement". Also, there is a possibility they belonged to ex-President Prío. (2) With respect to the involvement in the hijacking of American citizen passengers, the Ambassador said the Embassy had no information on this and thought caution should be exercised on this point. He said Martinez was being brought to Habana today and would be questioned. (3) The hijackers apparently were trying to force the plane to land in a rebel-controlled strip but it probably could not be found in the dark and their forced landing at Preston was their only salvation. (4) Only one uniformed body has been recovered and the Embassy has no knowledge of the type of uniform he wore.

The Ambassador said the Embassy's investigation of the crash was handicapped by the lack of an Air Attaché plane as the Air Force Mission plane was in Key West and the Navy Mission plane was in Jacksonville, both will be gone for two or three days. The Ambassador is trying to get one of the officers back today with Mr. Martinez.

Mr. Leonhardy told the Ambassador the Department had received his communication requesting the assignment of a small aircraft to the Air Attaché and that we had passed the request to the Defense Department and were working through some new channels to try to get a light aircraft assigned to the Air Attaché. He said he could not promise immediate action but that we were hopeful that something could be done, at least on a temporary basis in the near future.

The GOC

OFFICIAL USE ONLY

(P8)

no cc's req'd RM/R

Cuatro días después del accidente, el embajador Earl Smith todavía tiene dudas acerca de quiénes fueron los secuestradores. Insiste en que no hay una información definitiva de que los secuestradores sean del 26 de Julio y no descarta la posibilidad de que haya sido una acción de hombres ligados al ex presidente Prío. El embajador pide cautela.

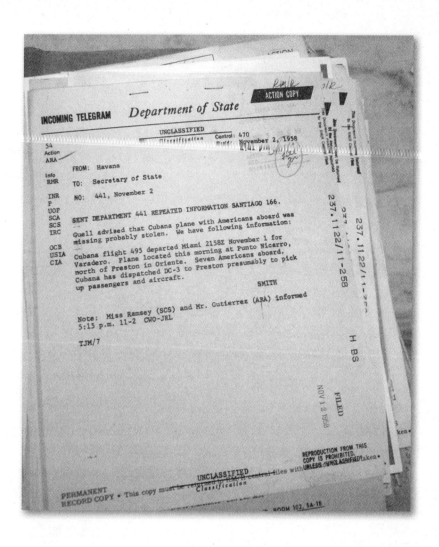

Uno de los primeros reportes de la desaparición del avión desde La Habana.

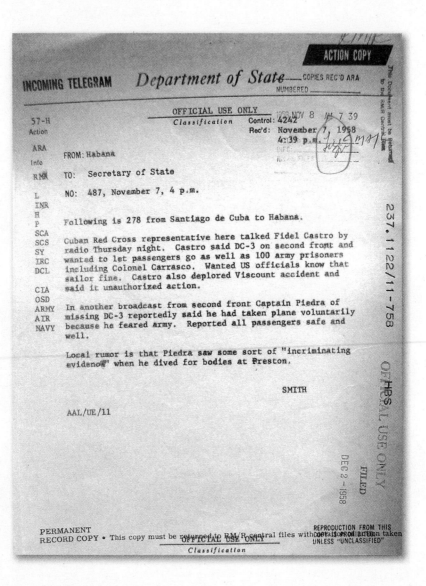

ACTION COPY

INCOMING TELEGRAM   *Department of State*——COPIES REC'D ARA
                                              NUMBERED

57-H   OFFICIAL USE ONLY   1968 NOV 8 AM 7 39
Action   *Classification*   Control: 4242
                                   Rec'd: November 7, 1968
ARA   4:39 p.m.
Info   FROM: Habana

RMR   TO: Secretary of State

L   NO: 487, November 7, 4 p.m.
INR
H
P   Following is 278 from Santiago de Cuba to Habana.
SCA
SCS   Cuban Red Cross representative here talked Fidel Castro by
SY   radio Thursday night. Castro said DC-3 on second front and
IRC   wanted to let passengers go as well as 100 army prisoners
DCL   including Colonel Carrasco. Wanted US officials know that
        sailor fine. Castro also deplored Viscount accident and
CIA   said it unauthorized action.
OSD
ARMY   In another broadcast from second front Captain Piedra of
AIR   missing DC-3 reportedly said he had taken plane voluntarily
NAVY   because he feared army. Reported all passengers safe and
        well.

        Local rumor is that Piedra saw some sort of "incriminating
        evidence" when he dived for bodies at Preston.

                                                SMITH

        AAL/UE/11

237.1122/11-758   OFFICIAL USE ONLY   FILED DEC 2- 1958

PERMANENT   REPRODUCTION FROM THIS
RECORD COPY • This copy must be returned to RM/R central files with   COPY IS PROHIBITION taken
                           OFFICIAL USE ONLY   UNLESS "UNCLASSIFIED"
                             Classification

Fidel deplora el accidente y asegura que no fue una acción autorizada.

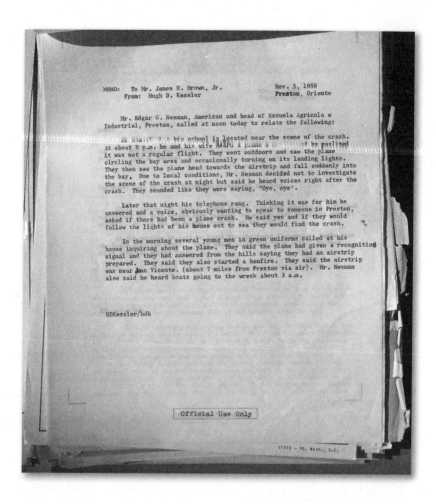

MEMO: To Mr. James E. Brown, Jr.   Nov. 3, 1958
        From: Hugh D. Kessler   Preston, Oriente

        Mr. Edgar G. Nesman, American and head of Escuela Agricola e
Industrial, Preston, called at noon today to relate the following:

        His school is located near the scene of the crash.
At about 8 p.m. he and his wife heard a plane and realized
it was not a regular flight. They went outdoors and saw the plane
circling the bay area and occasionally turning on its landing lights.
They then saw the plane head towards the airstrip and fall suddenly into
the bay, Due to local conditions, Mr. Nesman decided not to investigate
the scene of the crash at night but said he heard voices right after the
crash. They sounded like they were saying, "Oye, oye".

        Later that night his telephone rang. Thinking it was for him he
answered and a voice, obviously wanting to speak to someone in Preston,
asked if there had been a plane crash. He said yes and if they would
follow the lights of his house out to sea they would find the crash.

        In the morning several young men in green uniforms called at his
house inquiring about the plane. They said the plane had given a recognition
signal and they had answered from the hills saying they had an airstrip
prepared. They said they also started a bonfire. They said the airstrip
was near San Vicente. (about 7 miles from Preston via air). Mr. Nesman
also said he heard boats going to the wreck about 3 a.m.

        HDKessler/hdk

                        Official Use Only

                                        STATE - FO, WASH., D.C.

Este cable revela el primer indicio de que la operación del secuestro del avión de Cubana de Aviación contaba con apoyo en territorio rebelde cubano y no era una simple aventura de jóvenes aventureros como quisieron dar a entender los hermanos Castro al declarar que esta había sido una misión "por la libre", es decir no consultada con ellos. Pese a la seriedad del testigo, esta información no trascendió ni se le dio seguimiento. Nesman le dijo al autor que nadie lo volvió a llamar del gobierno para ampliar esta información.

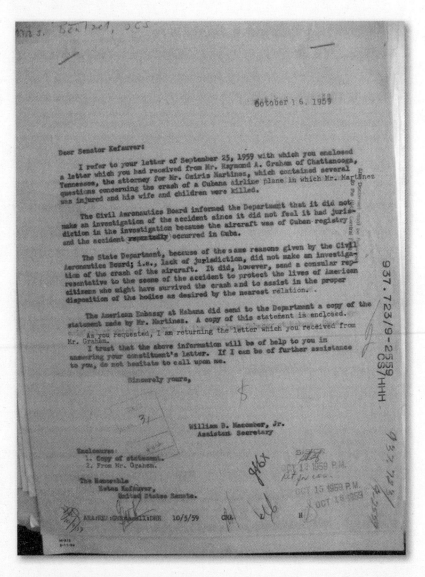

October 1 6, 1959

Dear Senator Kefauver:

I refer to your letter of September 25, 1959 with which you enclosed a letter which you had received from Mr. Raymond A. Graham of Chattanooga, Tennessee, the attorney for Mr. Osiris Martinez, which contained several questions concerning the crash of a Cubana airline plane in which Mr. Martinez was injured and his wife and children were killed.

The Civil Aeronautics Board informed the Department that it did not make an investigation of the accident since it did not feel it had jurisdiction in the investigation because the aircraft was of Cuban registry and the accident reportedly occurred in Cuba.

The State Department, because of the same reasons given by the Civil Aeronautics Board; i.e., lack of jurisdiction, did not make an investigation of the crash of the aircraft. It did, however, send a consular representative to the scene of the accident to protect the lives of American citizens who might have survived the crash and to assist in the proper disposition of the bodies as desired by the nearest relation.

The American Embassy at Habana did send to the Department a copy of the statement made by Mr. Martinez. A copy of this statement is enclosed.

As you requested, I am returning the letter which you received from Mr. Graham.

I trust that the above information will be of help to you in answering your constituent's letter. If I can be of further assistance to you, do not hesitate to call upon me.

Sincerely yours,

William B. Macomber, Jr.
Assistant Secretary

Enclosures:
1. Copy of statement.
2. From Mr. Graham.

The Honorable
Estes Kefauver,
United States Senate.

937.723/9-2559 CST/HHH

Casi un año después de la tragedia, el gobierno de Estados Unidos decidió que no tenía jurisdicción para investigarla, pero con una falta de seguridad que se refleja en esta carta dirigida al senador Kefauver. Obsérvese que la frase quizás más importante de la carta, en la que se argumenta que la falta de jurisdicción para investigar se debe a que el accidente no ocurrió en Estados Unidos, el autor no está seguro y escribe "que se reportó que ocurrió en Cuba" pero después, para que no dejar dudas, que nunca se despejaron, decide borrar la palabra "reportedly".

**FALL OF THE BATISTA GOVERNMENT,
NOVEMBER–DECEMBER 1958**

**152. Telegram From the Embassy in Cuba to the Department of
State**[1]

Havana, November 4, 1958—5 p.m.

466. It is essential in my judgment, for sound US policy determination re Cuba, that our Government learn beyond any doubt whether and to what extent Castro movement is penetrated, supported, influenced or directed by international Communism. Our information on this subject to date is dangerously inconclusive.

[2 paragraphs (6 lines) not declassified]

Smith

[1] Source: Department of State, Central Files, 121.373/11–458. Top Secret; Transmittal designation not declassified.

Este es un documento histórico pocas veces comentado: a menos de dos meses del triunfo de la revolución, el embajador de Estados Unidos en La Habana le pregunta a su gobierno si el movimiento de Castro está penetrado por el comunismo o no, y admite lo siguiente: "Nuestra información es peligrosamente inconclusa".